주장자拄杖子

주장자 拄杖子

맑은소리
맑은나라

누워있던 주장자를 들어 대중에게 보이고 선상을 세 번 쳤을 뿐이다

머리말

어른 스님들이 후학과 불자들에게 부처님 가르침을 전할 때 사용한 여러 방편 가운데 하나가 주장자입니다. 불교의 진리를 담은 법구法具입니다. 큰스님들과 노스님들이 주장자를 들고 법法을 설하고, 주장자를 짚고 경내를 포행하는 모습은 위엄과 환희심을 나게 합니다.

부처님께서 연꽃을 들어 보였을 때 가섭존자만이 그 뜻을 알았다는 염화미소拈華微笑는 주장자나 육환장이 상징하는 가르침과 다르지 않습니다. 선문禪門에 전하는 공안公案 가운데 주장자를 비유한 내용이 다수 있는 것 역시 마찬가지입니다.

큰스님들은 주장자를 들어 납자衲子와 불자佛子들에게 가르침을 전했습니다. 지금도 종정 예하, 총림 방장, 조실 스님, 제방 어른 스님들이 주장자를 들어 수행자의 정진을 독려하고 경책합니다. 경전에 따르면 부처님은 물론 역대 조사들도 법을 설할 때 주장자를 드셨습니다. 산문山門을 나서 만행할 때면 두타행頭陀行의 뜻이 담긴 육환장을 들어 중생을 자비로 섭수攝受하였습니다.

주장자에 관심을 갖게 된 것은 우연한 자리에서 은사 근암지일近庵志一 스님께 주장자에 대한 이야기를 들으면서입니다. 주장자 만들 나무를 찾기 위해 나선 은사 스님을 따라 영축산靈鷲山과 천성산千聖山, 운문산雲門山을 수차례 다녔습니다. 산에서 구한 감태나무로 정성껏 주장자를 만드시던 은사 스님을 곁에서 지켜보았습니다. 그렇게 주장자와 인연이 되었지만, 은사 스님께서 갑자기 열반하시면서 잠시 잊었습니다.

세월이 무상하게 흘러가고 세상이 빠르게 바뀌면서 절집도 승용차 사용이 대중화 되었습니다. 걸어서 이동하는 일이 줄어들면서 주장자도 자리를 점차 잃어 갔습니다. 안타까웠습니다. 위엄 있게 주장자를 들어 가르침을 여법하게 전하는 큰스님들을 보면 신심信心이 금강석金剛石처럼 견고해짐을 알고 있었기 때문입니다.

점점 잊혀져 가는 주장자를 세상에 내놓아야겠다고 발원 했습니다. 한 해 두 해 모은 주장자를 한 자리에 모아 전시하려는 뜻도 세웠습니다. 그리고 유래와 경전 근거 등 주장자의 원류源流를 찾기 시작했습니다. 고승들이 주장자를 땅에 꽂은 것이 자라 거목巨木이 되었다는 '삽목揷木' 설화, 유가儒家에서 주장자를 어떻게 보았는지 시문詩文도 살폈습니다. 그렇게 수년간 모은 자료를 정리해 이번에 『주장자』라는 책을 출간하게 되었습니다.

책의 말미에는 『득도제등석장경得道梯橙錫杖經』 한문과 한글본, 관련 용어, 화두 등을 덧붙였습니다. 고려대장경 지식베이스, 한국불교문화종합시스템(한글대장경), 한국고전번역원, 중화전자불전협회中華電子佛典協會 등의 자료를 참고했습니다.

한권의 책으로 묶어 세상에 내놓지만 아직도 미진한 부분이 적지 않습니다. 주장자 자료를 집성集成했다는 사실에 위안을 삼습니다. 미처 담지 못한 내용과 자료는 훗날 인연이 되면 증보판을 내고자 합니다.

책이 나오기까지 관심을 갖고 성원을 해 주신 스님과 불자들, 그리고 원광사 신도들에게 감사드립니다.

스님과 재가불자는 물론 일반인들도 이 책을 통해 주장자에 대한 이해의 폭이 넓어져 지혜와 복덕이 증장되길 기원합니다.

불기 2562년(2018년) 10월

대한불교조계종 부산 원광사 주지 인오

축하글

불보살과 나한, 그리고 역대조사들은 예로부터 불법佛法의 대의를 주장자를 들어 보이며 전했습니다. 경전에 나와 있듯이 주장자는 '비구18물比丘十八物'의 하나로 출가 수행자가 반드시 지참해야 할 소중한 법구法具입니다. 주장자와 더불어 육환장六環杖이나 석장錫杖도 수행자들이 늘 곁에 두고 정진을 독려한 나침반이며 등불이었습니다.

많은 분들이 주장자에 대해서 알지만 언제부터 유래했고 어떤 뜻이 담겨 있는지, 그리고 경전에는 어떻게 기록하고 있는지 정확하게 알지 못하는 것이 사실입니다. 이런 부분에 늘 아쉬움을 갖고 있었는데 부산 원광사 주지 인오 스님이 주장자를 집대성한 책을 낸다는 소식을 듣고 기뻤습니다. 더불어 고려와 조선 시대 유학자들이 스님들과 교유交遊하는 과정에서 주장자를 소재로 삼은 시詩 여러 편을 수록해 노고가 돋보입니다.

주장자는 출가 수행자가 지녀야 하는 법구로 부처님 가르침을 상징적으로 나타내고 있습니다. 지금도 종정예하, 총림 방장 스님, 원로의원 스님 등 큰스님들이 법을 설하거나 납자衲子를 지도할 때 요긴하게 사용합니다. 부처님 제자들에게 주장자는 바른 수행과 정진을 격려하고 경책하는 편달鞭撻과 같습니다.

인오 스님이 자료를 모으고 정리해 펴내는 책 『주장자拄杖子』가 스님들은 물론 불자들이 불법佛法에 한결 가까워지는 인연을 맺게 해 주리라 믿습니다. 그리하여 탐진치貪瞋癡 삼독三毒 때문에 무명無明에서 벗어나지 못하는 이들이 부처님 가르침으로 환희심歡喜心이 나게 해 줄 것입니다.

『대방광불화엄경大方廣佛華嚴經』에는 "손에 주장자(석장)를 들었을 때 마땅히 원하기를 모든 중생이 크게 보시하는 마음을 베풀고 실상實相과 같은 도道를 보일 것"이라고 하였습니다. 불교의 진리가 상징적으로 담긴 주장자의 깊은 뜻을 마음에 새겨야 합니다. 그리하여 보시의 마음을 내고 실상을 깨달아 자타일시自他一時 성불도成佛道의 길에 함께 하기를 기대합니다.

인오 스님이 수행과 전법의 일선에서 주지 소임을 보는 가운데 바쁜 시간을 쪼개 정성껏 만든 『주장자拄杖子』 발간을 진심으로 축하합니다. 많은 분들이 주장자에 깃든 불교의 진리를 한결 가까이 하는 소중한 인연 맺기를 기원합니다.

불기2562년(2018) 10월

영축총림 통도사 주지 향전 영배

마곡양처진석麻谷兩處振錫. 마조도일馬祖道一 스님의 법을 이은 마곡보철麻谷寶徹 스님 일화로 『벽암록碧巖錄』에 나옵니다. 『전등록傳燈錄』과 『종용록從容錄』에도 등장합니다.

마곡 스님이 사형師兄인 장경章敬 화상과 남전南泉 화상을 각각 찾아가 주장자를 흔들어 보였다는 이야기입니다.

먼저 장경 화상을 찾아간 마곡 스님이 선상禪床을 세 바퀴 돌고 주장자를 내리쳤습니다. 장경 화상은 "옳다. 옳아"라고 했습니다.

이어 남전 화상을 찾아간 마곡 스님이 똑같이 선상을 세 바퀴 돌고 주장자를 내리쳤습니다. 남전 화상은 "옳지 않다. 옳지 않아"라고 했습니다.

주장자를 내리친 마곡 스님에 대한 장경 화상과 남전 화상의 반응은 달랐습니다. 중국과 우리나라의 역대 납자衲子들은 '마곡양처진석'을 화두로 삼아 수행 했으며, 지금도 제방선원에서 그 뜻을 바르게 알기 위해 정진하고 있습니다.

무술년戊戌年 하안거를 해제하고 인오 수좌가 『주장자拄杖子』라는 책을 내게 되었습니다. 그 어느 해보다 무덥고 뜨거워 열일염염烈日炎炎이란 말이 실감나는 계절에 주장자 자료를 모으고 다듬어 책을 냈으니 가상嘉尙한 일입니다.

초조初祖 달마達磨 대사가 중국과 우리나라에 선법禪法을 전한 이후 역대조사들의 선어록과 일화 가운데 주장자 내용을 살피고 가려서 정리한 노고를 격려하지 않을 수 없습니다.

불보살과 역대조사의 가르침을 담은 인오 수좌의 『주장자拄杖子』는 제방 선원의 납자들이 가일층 정진하는 좋은 자극이 될 것입니다. 이판理判은 물론 사판事判 소임을 보는 사문들에게 진리의 길을 안내하는 지도地圖가 되리라 믿습니다. 재가불자나 일반 국민들도 불법佛法의 세계로 안내하는 책이 될 것입니다.

장경 화상과 남전 화상을 찾아가 주장자 법거량法擧量을 한 마곡 스님, 세 분 가운데 누가 옳았는지 그 해답은 이 책을 읽는 바로 여러분이 찾으리라 믿습니다. '마곡양처진석' 외에도 '연화봉념주장蓮花峰拈拄杖', '운문주장화위룡雲門拄杖化爲龍' 등 주장자와 관련된 화두를 모아 놓았습니다.

인오 수좌의 『주장자拄杖子』를 가까이 두고 읽어, 사부대중 모두 각자의 자리 에서 분발하고 분발하길 간절히 바랍니다. 그리하여 탁마琢磨에 게으름을 피우지 않고, 선연善緣의 씨앗을 놓아 장부丈夫의 길에 우뚝 서기를 기원합니다.

불기2562년(2018) 10월

영축총림 통도사 유나 영일

주장자는 눈으로 보면 나무로 만든 지팡이지만, 마음으로 보면 불법佛法 그 자체입니다. 범부에게는 몸을 지탱하는 수단이지만, 사문에게는 마음을 찾는 등불입니다.

경봉 큰스님과 벽안 큰스님 등 총림의 대종사大宗師들께서는 법문을 하실 때 늘 주장자를 드셨습니다. "법좌에 올라 주장자를 세 번 치고 이르시길"이라고 시작하는 큰스님의 법문을 들으며 초발심初發心을 돌아보았던 기억이 떠오릅니다.

큰스님들의 주장자 법문은 비구, 비구니, 우바새, 우바이 등 사부대중이 부처님 가르침의 대의大義를 바르게 배우고 익히게 한 법구法具였습니다. 간혹 정도正道에서 벗어나 옆길로 가려고 하면 큰스님들의 주장자 경책을 받고 제자리로 돌아오곤 하였습니다.

세월이 무상하게 흘러 경봉 큰스님과 벽안 큰스님 등 어른 스님들이 세연世緣을 다하였습니다. 그 어른 스님들의 주장자 법문을 다시 들을 수 없으니 비록 출가사문이지만 애통하지 않을 수 없습니다.

10년이면 강산이 변한다고 합니다. 인오 스님의 은사 지일 스님께서 원적圓寂에 드신 지 20년 가까운 세월이 흘렀습니다.

이번에 인오 스님이 생전에 주장자 만드는 법을 배우고 은사의 뜻을 받들어 『주장자拄杖子』라는 책을 펴낸다는 소식을 듣고 누구보다 기뻤습니다. 경전에 수록된 자료는 물론 선어록과 유학자들의 문집까지 살펴 한 권의 책으로 묶었습니다. 역대 큰스님들이 땅에 꽂은 주장자가 풍파를 이겨내고 무성한 나무로 자란 설화도 풍성하게 모았습니다.

사바세계와 인연을 다하고 서방西方으로 가신 지일 스님도 이 소식을 듣고 기뻐하시리라 믿습니다.

이번에 나온 『주장자』가 사부대중은 물론 세인世人들도 가까이 두고 읽는다면 불교에 대한 이해가 한층 깊어질 것입니다.

인오 스님의 노고와 정성에 박수를 보내며, 많은 분들이 이 책을 도반道伴으로 삼아 불연佛緣이 더욱 깊어지길 기원합니다.

불기 2562년(2018) 10월

벽안문도회 문장 무애

프롤로그

출가 수행자가 지녀야 하는 18가지 법구法具 가운데 대표적인 것이 주장자拄杖子이다. 오래전부터 스님들이 법문을 설하거나 순력巡歷을 할 때면 빼놓지 않고 지녔다. 쉽게 말하면 주장자는 '지팡이'다. 교통이 지금처럼 발달하지 않은 예전에는 주로 도보로 이동했기에 스님들에게 주장자는 필수적이었다.

부처님은 물론 역대 조사들도 주장자를 지니고 다녔다. 도보로 이동할 때 주장자는 훌륭한 도반이 된다. 또 자칫 벌레나 곤충 등을 밟아 생명을 뺏을 수도 있기에, 주장자로 미리 점검했다.

역사와 시대적 상황에 따라 주장자는 변화를 겪었다. 그래서 이름도 여러 가지다. 석장錫杖, 법장法杖, 지장智杖, 육환장六環杖 등이 그것이다. 모양과 이름은 다르지만 같은 의미가 들어 있다.

주장자는 부처님의 법法을 상징적으로 나타낸 법구法具이기에 함부로 대해서는 안 된다. 『석장경錫杖經』으로 불리는 『득도제등석장경得道梯燈錫杖經』에는 주장자(석장)가 지닌 뜻과 어떻게 사용해야 하는 지 등의 절차를 자세히 수록해 놓았다.

가섭존자迦葉尊者에게 말씀을 전하는 형식을 취한 이 경전에서 부처님은 "과거, 현재, 미래의 모든 부처님이 석장을 지닌다"면서 "성인의 표식表式이며, 밝음의 표시[明記]이고, 도道와 가르침에 나가는 올바른 깃발[正幢]이니 여법하게 지녀야 한다"고 강조했다.

또한 『다라니잡집陀羅尼雜集』에 실린 '불설주석장문佛說呪錫杖文'은 석장, 즉 주장자가 지닌 위신력을 짐작하게 한다. 부처님은 "비구가 자비로운 마음으로 중생을 편안하게 하려고 석장을 지닌다"면서 "법장法杖은 삼계三界를 편안하게 하고 중생을 모두 해탈解脫로 인도한다"고 설했다.

이처럼 주장자가 지닌 뜻은 크고 깊고 넓다. 부처님 가르침의 핵심을 상징적으로 표현하고 있으며, 출가 수행자들이 중생에게 법을 전하는 방편 가운데 하나가 주장자인 것이다. 하지만 문명이 발달하고 교통이 발전하면서 주장자를 짚고 다니는 스님을 만나는 일이 드물어졌다. 다만 큰스님들이 법회에서 설법을 하면서 주장자를 들어 대중에게 가르침을 전하는 사례만 남아 있을 뿐이다. 불교의 아름다운 전통이며 문화인 주장자가 점점 사라져가는 현실이 안타깝다.

천축天竺에서 불경佛經을 가져온 중국 당나라 현장(玄奘, 602~664) 스님 전기 『대당대자은사삼장법사전大唐大慈恩寺三藏法師傳』 불정골성佛頂骨城에 다녀온 이야기가 나온다. 『대당서역기大唐西域記』에는 불정공설이 혜라성醯羅城으로 나온다. 부처님 안정眼睛을 모신 촉루골탑에 부처님이 사용하던 석장錫杖이 봉안돼 있다는 기록이 나온다. 석장은 곧 주장자나 마찬가지이다. 현장 스님은 "전단으로 만들어 백철白鐵 고리가 달린 부처님 석장이 있었다"고 했다. 따라서 부처님 재세시부터 출가수행자들이 주장자를 사용했을 것으로 보인다.

『대당서역기』『마하마야경摩訶摩耶經』에는 열반에 든 부처님이 남긴 석장을 보고 눈물을 흘리며 애통해 하는 마야부인 이야기가 실려 있다. 부처님 입멸후 오랜 세월이 지나 만들어진 저술이나 경전이지만 주장자가 수행자의 중요한 법구였음을 미루어 짐작하게 한다.

이처럼 부처님 재세시와 역대 조사는 물론 후대까지 주장자는 불법佛法을 상징하는 법구法具로 면면히 계승되어 왔다. 주장자는 주로 나무로 만들었으며, 육환장은 나무에 금속을 부착하여 제작했다. 시대와 사회 상황에 따라 다양하게 나타났다. 팔만사천八萬四千으로 표현되는 부처님 가르침이 주장자에서도 각기 다른 모습으로 화현化現한 것이다.

이후 동아시아로 불교가 전래되는 과정에서도 주장자는 중요한 역할을 담당한다. 초조 달마대사가 주장자에 신발 한 짝을 걸고 파미르 고원을 넘어가는 일화를 비롯해 주장자로 호랑이를 물리친 중국 진나라의 담광曇光 스님 이야기가 전한다. 이밖에도 중국 당나라의 파초 스님과 주장자 일화에서 비롯된 '파초주장芭蕉拄杖'이 『무무관無門關』에 실리는 등 주장자와 출가수행자는 뗄 수 없는 사이였다. 『벽암록碧巖錄』등 선어록에도 많이 등장한다.

우리나라도 마찬가지였다. 중국 후한시대부터 당나라 초기까지 이적異蹟을 모은 『집신주삼보감통록集神州三寶感通錄』에는 요동 정벌에 나선 고구려 성왕聖王이 구름을 타고 나타난 스님이 주장자로 가리킨 곳을 파보니 불탑佛塔이 나왔다는 기록이 전한다. 『삼국유사三國遺事』에는 서라벌 양지良志 스님이 주장자를 날려 시주를 받았다는 일화가 수록돼 있다. 이와함께 스님이 짚고 다니던 주장자를 땅에 꽂았는데 거목巨木으로 자랐다는 삽목揷木 설화가 무수히 많다.

육환장을 든 지장보살과 각기 다른 모양의 주장자를 든 나한羅漢, 그리고 옛 스님들의 진영眞影도 주장자를 쥔 모습을 볼 수 있다. 이러한 기록을 종합해 볼 때 부처님은 물론 역대조사들이 주장자를 곁에 두고 법法을 전달하는 방편으로 삼았다는 사실을 충분히 짐작할 수 있다.

문명이 발달하고 교통이 편리해지면서 주장자의 설 자리가 점점 줄어들고 있어 안타깝다. 그나마 아직 종정, 방장, 조실 스님들이 주장자를 들고 수좌를 지도하고 대중에게 법을 전하는 것은 다행스러운 일이다.

부처님과 역대조사들이 주장자를 들어 보인 법法의 세계에 좀 더 가까워져 마침내 깨달음을 성취하도록 사부대중의 깊은 관심이 필요하다. 세상은 무상無常하니 집착하지 말라는 부처님 가르침을 모르는바 아니지만, 누군가는 전통을 이어가면서 역사와 시대에 맞게 변화시켜야 할 책임이 있다. 주장자도 마찬가지이다. 시대의 흐름에 맞춰 변하는 것을 막을 수 없지만, 스님은 물론 불자들도 주장자에 대한 관심을 기울여 '지켜야 할 전통'은 계승해야 한다. 그것이 불제자의 도리이다.

차 례

머리말 ······ 7
축하글 ······ 11
프롤로그 ······ 19

1부
주장자
어떻게 지녀야
하는가

비구 18물 '주장자' ······ 34
여덟가지 수승한 공덕 ······ 40
탁발을 나갔을 때 ······ 42
석장을 지니는 위의법 ······ 45
불설주석장문 ······ 55

2부
부처님과
주장자

전단으로 만든 부처님 석장 ······ 60
부처님 석장 보고 눈물 흘린 마야부인 ······ 63
부처님 석장 받은 아난과 가섭 ······ 66
부처님이 지은 '지팡이 노래' ······ 68

3부
경전에 나오는 주장자

지혜로 번뇌를 파하고 ········· 74
주장자 들고 서역에서 온 스님들 ········· 76
주장자 들고 꿈에 나타난 스님 ········· 79
송나라 승량 스님과 장육불상 ········· 81
주장자에 가위와 거울을 달고 ········· 85
주장자 들고 호랑이를 물리치다 ········· 90
맹수 싸움 말린 담순 스님 주장자 ········· 92
소신공양한 승애 스님과 육환장 ········· 95
담시 스님과 위나라 황제 척발도 ········· 99
우파급다 존자와 선남자 ········· 101
고구려 요동성 탑에서 나온 지팡이 ········· 103
달마대사와 주장자 ········· 106
파초 스님의 주장자 법문 ········· 109
주장자 내려친 마곡 화상 ········· 112
연화봉 암주가 주장자를 보인 까닭 ········· 114
용으로 변한 운문 화상 주장자 ········· 116
주장자로 조왕 제도한 파조타 화상 ········· 118

3부
경전에 나오는
주장자

주장자로 세 번 때린 임제 스님 …… 120
황벽 선사에게 주장자로 맞은 임제 스님 …… 123
주장자로 오조 법 이은 혜능대사 …… 126
주장자로 샘물 찾은 혜능대사 …… 129
주장자 타고 다니는 은봉 스님 …… 132

4부
설화에 나오는
주장자

서라벌 하늘 날아다닌 양지 스님 주장자 …… 138
나한 머리를 때린 진묵대사 …… 141
도선국사가 주장자로 새긴 마애불 …… 146
주장자로 호랑이 설복한 청민 스님 …… 150
태조 이성계가 본 부처님 주장자 …… 154
국사가 된 '벌거벗은 스님' …… 157
왜구를 벌한 원효 스님 주장자 …… 161
보조국사 주장자가 자란 쌍향수 …… 164
황룡으로 변한 주장자 타고 떠난 노승 …… 170
신선 승천한 자리에 꽂은 주장자 …… 172
주장자 휘두르자 나타난 문수보살 …… 174
1300년 이어 온 자장율사 주장자 …… 177

4부 설화에 나오는 주장자

가야산에서 호랑이 쫓아낸 환적대사 ………… 180
고려시대 주장자는 '정 씨' ……………………… 183
경흥법사 인도한 주장자 ……………………… 186
영주 부석사 의상대사 주장자 ………………… 189
무학대사 주장자가 자란 배롱나무 …………… 194
각진국사 주장자와 이팝나무 ………………… 198
의상대사 주장자가 자란 양평 용문사 은행나무 204
나옹화상 주장자가 자란 신륵사 은행나무…… 208
보조국사가 심은 청도 적천사 은행나무 ……… 212
막걸리 마시는 운문사 소나무 ………………… 215
용의 기운 넘치는 오봉산 석굴암 천룡송 ……… 218
'문고리만 잡아도 성불하는' 벽송사의 도인송 … 222

5부 큰스님 주장자 법문

법문 1. 경봉 스님 …………………………… 230
법문 2. 성철 스님 …………………………… 236
법문 3. 성수 스님 …………………………… 241
법문 4. 성수 스님 …………………………… 244

6부
고전으로 만나는 주장자

'민 스님'을 닮고 싶어 한 이규보 …… 250
식영암 스님과 막역한 지기 이제현 …… 255
말에서 떨어진 스님을 놀린 이색 …… 258
각봉 스님과 작별 아쉬워 한 정도전 …… 261
주장자 들고 스님 찾아가는 이수인 …… 266
묘향산 가는 '형 스님' 그리운 서거정 …… 270
법천 스님 만나 불효 한탄한 노수신 …… 274
동국대 사범대 앞이 생가 자리인 이안눌 …… 277

부 록

1. 문화재로 만나는 주장자 …… 286
　1) 대나무 주장자 든 고려십육나한도 …… 286
　2) 화려한 '금동석장 머리장식' …… 289
　3) 금강산 마하연명 주장자 …… 291
2. 주장자 용어 간단 해설 …… 293
3. 『득도제등석장경』 …… 300
4. 공안 목록 …… 315
5. 주장자 들고 있는 오백나한 …… 330
6. 주장자 만드는 법 …… 334

주장자 拄杖子

이 주장자를

한번 치는데 무엇 때문에 치는지

그것을 모르고 있으니

이 주장자가

내 주장자 일진 데는

어떤 것이 만상萬象의

주인이냐

하는 것이다

주장자拄杖子 >> 1부.

주장자 어떻게 지녀야 하는가

비구 18물 '주장자'

주장자拄杖子. 스님들이 참선이나 설법, 또는 만행을 다닐 때, 일상 생활을 하면서 지니는 지팡이다. 법상法床에서 주장자를 높이 들어 보여 법문을 듣는 대중에게 부처님 법法을 상징적으로 보여준다. 주로 나무로 만들지만 육환장은 청동青銅이나 구리로 제작하는 경우도 있다.

경전에 따르면 부처님 재세 시부터 출가자들이 지닌 법구法具 가운데 하나가 주장자이다. 부처님도 출가하여 성도하고 전법을 하며 인도 전역을 순력巡歷 할 당시 주장자를 지녔다고 한다. 이후 부처님 제자와 역대 조사祖師들도 주장자를 짚고 다니며 불법佛法을 전했다. 걸어 다닐 때 미물이나 곤충에게 피해가 가지 않도록 예방하는 기능도 주장자는 갖고 있다. 또한 독충으로부터 수행자를 보호하고, 연로한 수행자의 일상을 보조하는 기능도 지녔다. 주장자의 하나인 육환장은 탁발할 때 수행자의 존재를 알리기도

한다.

주장자는 '비구 18물比丘 十八物' 가운데 하나이다. 비구가 늘 지녀야 할 18가지 법구인 '비구 18물'에 대해선『범망경梵網經』에 기록되어 있다. 출가자가 수행하고 정진할때 지녀야 할 필수품으로 다음과 같다. 대의·상의·내의 등 3의三衣, 양지(楊枝, 칫솔), 조두(澡豆, 세숫대야), 병甁, 발우鉢盂, 좌구(坐具, 방석), 석장(錫杖, 주장자), 향로香爐, 녹수낭(鹿水囊, 물주머니), 수건, 칼, 화수(火燧, 부싯돌), 섭자(鑷子, 족집게), 승상(繩床, 의자), 경, 율, 불상, 보살상. '비구 18물'에 석장(주장자)이 있는 것은 수행자의 일상 필수품이었기 때문이다.

그러나 주장자는 젊은 출가자보다는 오랜 기간 수행 정진한 노스님들이나 큰스님들이 주로 이용했다. 나무를 깎아 만든 단순한 지팡이 이전에 불교의 진리가 담겨 있었기 때문이다. 이동시 편리성을 담보해주는 방편인 동시에 부처님 가르침이 오롯이 들어 있는 것이다.

주장자는 여러 가지 이름으로 불린다. 가장 두드러진 것이 석장錫杖이다. 산스크리트어로 'khakkhara'이다. 중국에서는 '극기라隙棄羅'로 음역 했다. '스님이 짚는 지팡이'라는 뜻이다. 윗부분에 주석朱錫을 달았기에 석장이라 부른다. 아랫부분은 일반적으로 나무를 사용해 만들었는데 청동이나 쇠를 이용하기도 했다. 끝부분에는 뿔이나 아(牙, 어금니)를 달았다.

윗부분을 탑塔 모양으로 만들어 고리를 여러 개 달았다. 보통은 보시布施, 지계持戒, 인욕忍辱, 정진精進, 선정禪定, 반야般若 등 보살菩薩의 실천을 담은 육바라밀六波羅蜜을 상징하는 여섯 개의 고리를 달았다. 그래서 육환장六環杖이라고 한다. 고리 중심에는 불보살佛菩薩, 탑塔, 보주寶珠, 용龍 등을 장식한다.

고리의 수에 따라 육환장 외에도 사환장四環杖, 팔환장八環杖, 십이환장十二環杖도 있다. 사환장은 사성제四聖諦를 상징한다. 네가지 성스러운 진리를 나타내는 사성제는 고집멸도苦集滅道를 가리킨다. 고의 원인이 무엇이고, 궁극적으로 열반에 이르는 길을 알려준다. 팔환장은 깨달음에 이르는 수행의 올바른 여덟가지 길인 팔정도八正道를 상징한다. 팔정도는 정견正見, 정어正語, 정업正業, 정명正命, 정념正念, 정정正定, 정사유正思惟, 정정진正精進이다. 팔성도八聖道도 같은 의미다. 십이지환장은 번뇌에서 고苦에 이르는 12가지 인과因果를 나타낸다. 무명無明이 근본 원인이 되어 행行, 식識, 명색名色, 육처六處, 촉觸, 수受, 애愛, 취取, 유有, 생生, 노사老死가 차례로 있다는 것이다.

사환장, 육환장, 팔환장, 십이환장에 담긴 불교의 진리는 중생들이 더 이상 무명無明에 머물지 말고 깨달음의 광명光明에 이르기를 발원한다. 고리를 달 수 있는 가지 수에 따라 이목지二目枝, 사목지四目枝로 나눈다.

고리를 단 까닭은 육환장이 땅에 닿을 때마다 소리가 나서, 짐승이나 벌레가 피할 수 있도록 하기 위해서다. 소리를 듣고 짐승이나 벌레들이 부처님 진리를 깨달으라는 발원도 들었다. 미물의 생명을 보호하는 동시에, 그들의 성불成佛을 염원하는 것이다. 또한 마을에서 탁발托鉢을 하면서 어떤 집을 들렀을 때, 도착한 사실을 알려주는 기능도 했다. 지금으로 치면 일종의 초인종이다.

후대에 이르면서 육환장과 달리 나무 자체만 사용해 주장자를 제작하는 경우가 늘었다. 주장자, 석장, 육환장은 서로 명칭이 다르지만 스님이 짚는 지팡이라는 점에서는 같다. 부르는 이름도 여럿이다. '소리 나는 지팡이'인 유성장有聲杖과 성장聲杖, '지혜의 지팡이'인 지장智杖, '덕이 있는 지팡이'인 덕장德杖, '참선 수행자의 지팡이'인 선장禪杖 등 다양하다.

부처님은 석장을 지장智杖이며 덕장德杖이라고 했다. 『득도제등석장경』에서 부처님은 출가 수행자들에게 "모두 석장을 받아 지녀야 한다"면서 "석장은 지혜의 지팡이[智杖]이며, 덕의 지팡이[德杖]"이라고 강조했다.

지장과 덕장으로 불리는 이유를 묻는 가섭에게 부처님은 "지혜를 분명하게 나타내고, 공덕의 근본인 까닭"이라고 답했다. 보다 세세한 설명을 원하는 가섭에게 부처님은 온화한 목소리로 말했다.

"이 석장은 널리 많은 것을 듣게 한다. 그리하여 세속과 출세간을 이해하게 하여, 선악善惡, 유위有爲 무위無爲, 유루有漏, 무루無漏를 분별하게 한다. 이로 인해 걸림 없는 지혜를 성취하게 하는 것이다. 그래서 지장智杖이라고 하는 것이다."

이 가운데 '덕의 지팡이'란 의미의 덕장德杖이라고 한 이유에 대해 부처님은 "석장을 지닌 이는 16행을 갖춘다"고 했다. 16행은 사제四諦, 사등四等, 사선四禪, 사무색정四無色定이다. 사성제四聖諦로 불리는 사제는 불교의 근본교리로 고집멸도苦集滅道이다. 사등은 보살이 지니는 네 가지 마음인 자비희사慈悲喜捨의 사무량심四無量心이다. 한 없는 사랑(慈無量心), 한 없는 가여움(悲無量心), 한 없는 기쁨(喜無量心), 한 없는 평등(捨無量心)이다. 사선은 참선하는 과정을 초선初禪, 이선二禪, 삼선三禪, 사선四禪 등 네 단계로 나눠 설명한 것이다.

이처럼 뜻은 깊지만, 외형적으로 구분할 때는 고리가 달린 것은 육환장, 고리가 없는 것은 주장자로 이해하면 된다. 밀교密教에서는 재앙이나 병마 등 고통을 쫓아내는 신비한 법구로 여겼다.

부처님 십대제자 가운데 한 명인 가섭존자는 석장과 그 석장을 지니는 뜻이 궁금했다. 부처님에게 질문을 드렸다. "부처님, 석장은 무엇이며 그것을 지니는 뜻은 무엇입니까?" 부처님이 답했다. "석장에 의지하면 번뇌를 없앨 수 있다. 그리하여 욕계欲界, 색계色界, 무색계無色界의 삼계三界에서 벗어날 수 있다. 석錫은 가벼움이고, 지혜의 빛을 얻기에 밝음이며, 이전의 여러 부처님의 법장法藏을 성취하기에 성취라고 하는 것이다."

성해스님 _ 통도사 승통僧統과 총섭總攝을 맡으며 수행종가의 기반을 닦은 성해 스님. 불교전문강원과 명신학교를 설립했으며 보광선원장으로 납자를 지도했다. 제자로 구하, 재하, 경봉, 경하 스님을 두었다.

여덟가지 수승한 공덕

"석錫은 가볍다[輕]는 뜻이다. 왜냐하면 석장에 의지해 번뇌를 없애고 삼계三界에서 벗어나기 때문이다." 『득도제등석장경得道梯橙錫杖經』에는 석장이 지닌 첫 번째 의미를 이렇게 적고 있다. 중국 동진東晋 시절에 나온 것으로 알려진 『득도제등석장경』에는 '가볍다'는 의미를 포함해 석장이 지닌 여덟가지 뜻을 밝혀 놓았다. 부처님이 제자 가섭에서 답하는 형식으로 되어 있다.

첫 째는 '가볍다'는 것이다. 석장을 지니면 번뇌를 소멸하고, 중생이 윤회하는 욕계欲界 색계色界 무색계無色界에서 벗어날 수 있다.

둘 째는 '밝다[明]'는 것이다. 석장을 지니면 지혜를 얻기에 사바세계에서 고통 받는 근원인 무명無明에서 벗어날 수 있다.

셋 째는 '돌아오지 않는다[不迴]'는 것이다. 석장을 지니면 욕계 색계 무색계에서 벗어나 다시는 집착하지 않는다.

넷 째는 '깨어있다[惺]'는 것이다. 석장을 지니면 모두 공空한 이치를 깨달아 사성제四聖諦와 십이연기十二緣起를 분명하게 알게 된다.

다섯 째는 '오만하지 않다[不慢]'는 것이다. 석장을 지니면 선악善惡의 인과因果로 받는 업業을 없애기에 오만하지 않게 된다.

여섯 째는 '멀리한다[疏]'는 것이다. 석장을 지니면 재財, 색色, 식食, 수면睡眠, 명예名譽 등 오욕五慾에서 벗어나 탐심貪心을 끊게 된다.

일곱 째는 '채취한다[採取]'는 것이다. 석장을 지니면 계율戒律, 선정禪定, 지혜智慧를 갖춰 깨달음에 이를 수 있게 된다.

여덟 째는 '이룬다[成]'는 것이다. 석장을 지니면 모든 부처님의 법장法藏을 성취하게 된다. 법장은 곧 깨달음, 정각正覺이다.

이처럼 석장(주장자)이 지닌 공덕은 헤아릴 수 없다. 주장자에 담긴 이러한 뜻을 바르게 안다면 깨달음에 이르지 못할 일이 없을 것이다. 석장이 지닌 여덟가지 수승한 공덕을 전한 부처님은 가섭에게 "(석장이 지닌) 뜻이 넓고도 많아 모두를 이야기할 수 없다"면서 "(이러한 석장의 공덕을) 마땅히 받아 지녀야 한다"고 당부했다.

탁발을 나갔을 때

부처님 재세시부터 출가 수행자들이 마을에 가서 탁발托鉢하는 전통이 있다. 범어로는 Pindapa-ta이다. 불교의 고유한 수행 방식으로 '걸식乞食'이나 걸행乞行'으로 번역되기도 한다. 사전적 의미도 크게 다르지 않다. 탁托은 '밀다' 또는 '손을 밀어서 열다'라는 뜻이다. 발鉢은 '바리때', 즉 '스님의 공양 그릇'이다. 그러니까 탁발이란 스님이 바리때를 내민다는 뜻으로 발우鉢盂를 들고 집집마다 다니며 음식을 구하는 것이다.

마을로 탁발을 나갈 때 수행자들은 주장자, 즉 석장을 쥐었다. 한 손에는 주장자를, 다른 손에는 발우를 들었다. 『득도제등석장경』에는 탁발을 할 때 주장자를 어떻게 사용해야 하는지 상세히 설명하고 있다.

마을에 있는 민가에 도착했는데 시주施主하는 이가 나오지 않으면 가까이는 세 집, 멀리는 일곱 집까지만 가라는 것이 부처님 가르침이다. 부처님은 "(공양을) 얻지 못하더라도 더 이상 가지말라"면서 "그것을 어기면 수행자의 법法이 아니다"라고 강조했다. 시주하는 부처님은 수행자들이 탁발을 나가 공양을 구하지 못하더라도 일곱 집 이상은 들르지 못하게 했다.

『득도제등석장경』에서 부처님은 "공양을 받으면 석장은 나무 위에 걸어 놓고 땅에는 내려놓지 말라"고 했다. 혹시 나무가 없어 땅에 내려놓아야 할 경우에는 평평한 곳을 잘 골라 한쪽이 기울어지지 않도록 했다. 불법佛法의 상징인 석장을 소중히 다뤄야 하기 때문이리라. 이와함께 불교의 평등사상을 상징적으로 보여주는 것이다. 부처님은 "석장을 지니는 것은 부처님 몸을 지니는 것"이라고 강조했다.

이밖에도『득도제등석장경』에는 잠 잘 때는 몸을 석장과 나란히 하고, 평상이나 밥상 등 상床 뒤에 석장을 둘 경우에는 앞으로 기울어지지 않도록 했다. 길을 가다 휴식을 취하게 되면 (석장의) 윗부분이 해를 향하도록 하고, 거꾸로 들지말라고 했다.

『득도제등석장경得道梯橙錫杖經』 게송

錫杖四鈷應四諦(석장사고응사제)

環應十二因緣(환응십이인연)

中召明中道義(중소명중도의)

上頭應須彌頂(상두응수미정)

第二應須彌山(제이응수미산)

中央木應於空(중앙목응어공)

下錯應須彌根(하착응수미근)

沙門之法(사문지법)

解空得道(해공득도)

執此惺寤(집차성오)

석장의 네 고리는 네가지 진리이며

열두 고리는 십이연기를 나타내네

'중소[中召]'는 중도의 가르침 밝히고

맨 위는 수미산의 이마 정상이며

그 다음은 수미산과 상응하며

가운데 나무는 허공이 되며

맨 아래는 수미산의 뿌리이네

출가 사문의 법은

공을 알아 도를 구하는 것이니

이 석장을 지녀 깨닫고 깨달아라

석장을 지니는 위의법

격식을 지닌 태도나 차림새, 위엄 있는 엄숙한 자세나 몸가짐을 위의威儀라고 한다. 수행자의 위의를 갖추는 것은 출가사문의 중요한 처신이다. 수행자의 행동이나 행실이 부처님 제자로서 어긋나서는 안 되기 때문이다.

석장을 지닐 때의 위의는 『득도제등석장경』에 상세하게 기술되어 있다. 25가지나 된다. 소홀하게 보면 '지팡이'에 불과할 수도 있지만, 석장은 부처님 가르침을 상징하는 동시에 출가 사문의 필수품이기에 청규淸規가 많은 것이다. 『득도제등석장경』에서는 스물다섯가지 위의를 열 가지, 다섯 가지, 다섯 가지, 다섯 가지로 나눠 설명하고 있다. 앞부분의 열 가지는 다시 세 가지와 일곱 가지로 나눌 수 있다.

영축총림 통도사 극락전의 반야용선도
극락으로 향하는 반야용선에 육환장을 든 지장보살이 함께하고 있다.

우선 열가지는 다음과 같다. 첫째부터 셋째까지는 석장을 지니는 이유를, 네 번째부터 열 번째까지는 석장을 지니고 해서는 안 될 사항을 밝혀 놓았다.

먼저 석장을 지니는 이유 세 가지이다.

一者爲地有虫故(일자위지유충고)

二者爲年朽老故(이자위년후로고)

三者爲分越故(삼자위분월고)

첫째 땅위에 벌레가 있는 까닭이며, 둘째 나이가 많아 매우 늙은 까닭이며, 셋째 탁발을 해야 하는 까닭이다.

넷째부터 열째 까지는 석장을 지니고 해서는 안되는 일이다. 그래서 '하지말라'는 의미의 부득不得이 대부분의 항목마다 들어가 있다.

四者不得手持而前卻(사자부득수지이전각)

五者不得擔杖著肩上(오자부득담장저견상)

六者不得橫著肩上手垂兩頭(육자부득횡저견상수수양두)

七者出入見佛像不聽有聲(칠자출입견불상불청유성)

八者杖不得入衆(팔자부득입중)

九者不得妄持至舍後(구자부득망지지사후)

十者杖過中不出(십자장과중불출)

넷째 손으로 쥐고 앞쪽으로 내지 말며, 다섯째 어깨 위에 석장을 올리지 말며, 여섯째 어깨 위에 옆으로 메고 양끝을 손으로 잡지 말며, 일곱째 들고 날 때 불상을 보고 소리를 내거나 들리지 않도록 하며, 여덟째 석장을 지닌 채 대중에게 들어가지 말며, 아홉째 할 일 없이 처소 뒤에 가지말며, 열 번째 일정한 때가 지나면 석장을 지니고 나오지 말라

『득도제등석장경』에는 석장 위의법 다섯 가지를 이어서 열거하고 있다. 이 가운데 첫째부터 넷째까지는 일정 시간이 지나도 석장을 지닐 수 있는 예외 상황을 밝히고 있다.

一者遠請行宿中得出(일자원청행숙중득출)

二者至病瘦家過中得出(이자지병수가과중득출)

三者送過世者過中得出(삼자송과세자과중득출)

四者外道請者過中得出(사자외도청자과중득출)

앞서 열 번째 '일정한 때가 지나면 석장을 지니고 나오지 말라'는 위의법이 있지만 다음 네가지 경우는 예외로 한다는 내용이다. 첫째 멀리서 초청을 받아 잠을 자야할 경우, 둘째 병 든 환자 집을 방문할 경우, 셋째 세상을 떠난 이가 있어 조문을 갈 경우, 넷째 불교 아닌 외도가 초청할 경우.

五者不得將杖指人畫地作字(오자부득장장지인화지작자)

다섯째는 석장을 갖고 다른 사람을 가리키거나, 땅에 그림이나 글씨를 쓰지 말라.

『득도제등석장경』에는 외출할 때의 청규 다섯 가지를 밝히고 있다.

一者三師俱出不得持杖自隨(일자삼사구출부득지장자수)

二者四人共行除上座不得普持(이자사인공행제상좌부득보지)

三者到檀越門好正威儀(삼자도단월문호정위의)

四者入檀越門三抖擻三反不出從至餘家

(사자입단월문삼두수삼반불출종지여가)

五者檀越出應持杖著左肘中央(오자단월출응지장저좌주중앙)

첫째 세분의 스승을 모시고 나설 경우 석장을 지니고 따라서는 안되며, 둘 째 네 명이 함께 갈 때는 가장 어른 외에는 석장을 지녀서는 안되며, 셋째 시주자 집 앞에 도달하면 위의를 갖춰 자세를 바르게 하고, 넷째 시주자 집 앞에서 석장을 세 번 울려도 나오지 않으면 다른 집으로 가며, 다섯째 시주자가 나오면 석장을 왼쪽 팔꿈치 가운데 붙인다.

『제등석장경』은 석장을 보관하는 방법도 제시하고 있다.

一者杖恒在己房中不得離身(일자장항재기방중부득난신)

二者不聽下頭著地(이자불청하두저지)

三者不聽杖許生衣(삼자불청장허생의)

四者日日須好磨拭(사자일일수호마식)

五者杖欲出時當從沙彌邊受若無沙彌白衣亦得

(오자장욕출시당종사미변수약무사미백의역득)

첫째 석장은 항상 자기가 머무는 방안에 두고 몸에서 떨어지지 않도록 하며, 둘째 석장의 아래 부분을 땅에 닿도록 하는 것을 들어주지 않으며, 셋째 세간 사람이 석장 쥐는 것을 허락하지 않으며, 넷째 석장을 날마다 잘 닦아 깨끗이 하며, 다섯째 석장을 지니고 출타할 때는 마땅히 사미에게 받고 만약 사미가 없으면 세간 사람도 된다.

한편 사미沙彌가 지켜야 할 10가지 계율과 위의를 설한 『사미십계법병위의沙彌十戒法並威儀』에는 석장을 지니고 다루는 법이 담겨 있다. 『십계법병위의』, 『사미십계경병칠십이위의법』, 『사미십계위의경』, 『사미위의계본』이라고도 불린다. 사미는 śrámaṇera에서 유래했다. 출가하여 십계十戒를 받은 수행자이다. 이후 250계戒를 받으면 비구比丘가 된다. 사미는 식자息慈, 식악息惡, 행자行慈, 근책남勤策男이라 번역한다.

『사미십계법병위의』는 사미가 석장을 지니는 법과 석장을 다루는 법을 밝히고 있다.

지니는 법 네가지는 다음과 같다.

一者取拭去生垢(일자취식거생구)

二者不得著地使有聲(이자부득저지사유성)

三者師出戶乃當授(삼자사출호내당수)

四者師出還當受取若俱行若入衆若禮佛亦當取持

(사자사출환당수취약구행약입중약례불역당취지)

是為持錫杖法(시위지석장법)

첫째 티끌을 닦아 제거하여 깨끗이 해야 한다. 둘째 땅에 닿아 소리가 나도록 해서는 안된다. 셋째 스승이 처소에서 나오시면 곧바로 드려야 한다. 넷째 스승이 외출에서 돌아오시면 곧장 받아드리고, 만약 모시고 가거나, 대중에게 가거나, 예불을 하시면 이 또한 받아드려야 한다.

이것이 석장을 지니는 법이다.

『사미십계법병위의』는 석장錫杖 다루는 법 일곱 가지를 제시하고 있다.

當掃拭令淨(당소식령정)

不得下拄地(부득하주지)

不得以有所指擬(부득이유소지의)

無使有聲(무사유성)

當兩手捧之(당양수봉지)

當跪以授師(당궤이수사)

畢還復常處(필환부상처)

잘 털고 닦아 깨끗이 한다. 주장자를 땅에 꽂아두지 말라. 주장자로 지시하는 흉내를 내지 말라. 소리가 나지 않도록 하라. 마땅히 두 손으로 받들어라. 마땅히 꿇어앉아 스승에게 드려라. 다 사용한 후에는 늘 항상 두는 곳에 다시 두어라.

이와함께 『사미십계법병위의』에는 스승을 따를 때의 법도 열여섯 가지를 제시하고 있다. 이 가운데 두 가지가 석장 관련 내용이다.

識所言趣常報應答隨持錫杖手巾之輩

(식소언취상보응답수지석장수건지배)

無錫杖戱其前(무석장희기전)

스승이 말씀하신 바를 잘 알아 답하고, 석장이나 수건을 갖고 뒤를 따른다. 스승 앞에 가면서 석장으로 장난치면 안된다.

『사미십계법병위의』에는 사미들이 경전을 외우고 수행할 때 석장을 지니지 못하도록 하고 있다.

주장자는 재질과 목적, 그리고 사용하는 스님에 따라 다양한 모습으로 만들어진다.

불설주석장문
佛說呪錫杖文

석장을 지니며 하는 기도가 『다라니잡집陀羅尼雜集』에 실려 있다. 일종의 주문呪文으로 '불설주석장문佛說呪錫杖文'이 그것이다. 『다라니집경陀羅尼集經』과 같은 『다라니잡집』은 다양한 종류의 다라니陀羅尼를 모아 놓은 경전이다.

『다라니집경』은 중국 당나라 때 서역에서 온 아지구다(阿地瞿多, Atigupta) 스님이 번역했다. 이때가 654년이며, 번역 장소는 당나라 서경西京 혜일사慧日寺이다. 아지구다 스님의 또 다른 이름은 '무극고無極高'이다. 매우 덕 높은 수행자이며, 언어 구사 능력이 뛰어났던 것으로 알려졌다.

아지구다 스님은 여러 가지 다라니를 묶어 경전을 번역하면서 크게 불부佛部, 반야부般若部, 관세음부觀世音部, 금강부金剛部, 제천부諸天部로 나눠 해당하는 다라니를 상세히 설명했다. 그 가운데 하나가 '불설주석장문'이다.

중화전자불전협회(CBETA) 홈페이지의 '전자불전집성電子佛典集成'에 실려 있는 '불설주석장문'의 한문 원본은 다음과 같다.

佛言今尊者比丘慈心衆生(불언금존자비구자심중생)

欲安一切令作錫杖(욕안일체령작석장)

三節仰意制止三毒(삼절앙의제지삼독)

立三乘進入無極三脫法門(입삼승진입무극삼탈법문)

入律十二大神降屈守護(입률십이대신강굴수호)

是真人法杖(시진인법장)

安隱三界開導一切皆得度脫(안은삼계개도일체개득도탈)

일체 중생을 자비의 마음으로 편안하게 하고자 한다고 말문을 연 부처님은 삼독三毒을 제거하고, 삼승三乘을 세워 끝 없는 삼탈법문三脫法門에 들어서면, 율 안에 있는 열두 명의 신장이 수호해 줄 것이라고 설했다. 참된 사람의 법장, 즉 석장은 삼계三界를 안락하고 고요하게 하고 일체 중생을 해탈로 인도할 것이라고 강조했다.

삼독은 중생이 지닌 세 가지 번뇌로, 탐욕貪慾, 진애瞋恚, 우치愚癡이다. 줄여 탐진치라고 한다. 세가지 번뇌가 중생의 지혜를 가리고 해롭게 하기에 독毒에 비유한 것이 삼독三毒이다. 독이란 비유가 등장한 것은 중국 수나라

혜원慧遠 스님이 저술한 불교사전『대승의장大乘義章』으로 "삼독이 삼계의 번뇌를 포섭하고, 번뇌가 중생을 해치는 것이 독사毒蛇나 독룡毒龍 같다"고 하면서다.

삼승은 성문승聲聞乘, 연각승緣覺乘, 보살승菩薩乘이다. 중생이 고해苦海에서 벗어나 불보살의 열반涅槃에 이르는 세 가지 방식이다. '탄다'는 의미의 승乘은 수레를 나타낸 것으로 부처님 세계에 도달하는 방법을 상징적으로 표현했다.

열반에 이르는 세가지 법문(가르침)이 삼탈법문이다. 공문空門, 무상문(無相門, 無想門), 무원문無願門이다. 삼탈법문을 삼해탈三解脫, 삼탈문三脫門, 삼문三門이라고 한다. 공문은 일체 자성自性이 없음을 알아 자재自在하는 것, 무상문無相門은 일체 공함을 알아 상相이 없음을 관觀하는 것, 무원문은 욕계欲界 색계色界 무색계無色界 등 삼계三界에서 원하거나 구하는 바 없는 것이다. 이러한 삼탈법문으로 공, 무상, 무원의 지혜를 구해 해탈을 이루고 열반에 이르는 것이다.

석장에 깃든 이러한 의미와 공덕은 깨달음을 구하기 위해 정진하고, 대자대비의 마음으로 중생을 구제하는 출가사문은 물론 재가불자들도 마음에 새겨야 한다.

주장자拄杖子 >> 2부.

부처님과 주장자

전단으로 만든 부처님 석장

부처님과 잘 어울리는 대표적인 나무는 보리수菩提樹이다. 보드가야에서 정각正覺을 성취할 때 앉아 계시던 나무가 바로 보리수이다. 그래서 이름도 '깨달음의 나무'이리라. '보리菩提'는 bodhi에서 유래했다. 부처님 재세시부터 보리수가 가르침의 상징으로 여겨졌고, 보리수 열매는 염주로 만들어 손에 차거나 목에 걸었다. 전통은 지금까지 이어지고 있다. 부처님과 조금이라도 더 가까이 하고 의지하며, 마침내 정각正覺을 이루리라는 간절한 발원이 반영된 것이다.

보리수와 함께 불교를 상징하는 또 하나의 나무가 있다. 다름 아닌 전단旃檀이다. 산스크리트어로 candana라고 표기하고, 전단나旃檀娜 또는 전탄나旃彈那라고 음역한다. 전단은 그 줄임말이다. 한문으로는 여약與藥이라 번역한다. 향나무의 한 종류로 사시사철 푸른 상록수인 전단은 주로 불보살상을 조성하거나 향으로 사용한다.

천축天竺에서 불경佛經을 가져온 중국 당나라의 현장(玄奘, 602~664) 스님 전기인 『대당대자은사삼장법사전大唐大慈恩寺三藏法師傳』에는 부처님과 전단에 대한 이야기가 실려 있다. '커다란 자비와 은혜가 있는 절'이라는 뜻의 대자은사大慈恩寺는 중국 시안(西安)에 있는 오래된 절이다. 당 태종 부인이며 고종의 모친인 문덕황후文德皇后를 위해 세웠다. 천축을 다녀온 현장 스님이 이 절에 주석했으며, 당 고종은 7층 벽돌탑인 대안탑大雁塔을 건립했다. 높이가 54m에 이르는 불탑佛塔으로, 층마다 부처님 사리를 모셨다.

『대당대자은사삼장법사전』에는 현장 스님이 불정골성佛頂骨城에 다녀온 이야기가 실려 있는데, 부처님과 전단에 대한 단서가 보인다. 불정골성은 『대당서역기大唐西域記』에는 혜라성醯羅城이라고 나온다. 핫다(Haḍḍa) 마을로 지금은 황폐해졌지만 아프카니스탄에서 가장 유명한 불교 유적지이다.

불정골성佛頂骨城이란 지명에서 짐작하듯, 이곳에는 부처님의 정골(頂骨, 머리) 사리를 모시고 있었다. 『대당대자은사삼장법사전』에 따르면 "성에는 2층으로 된 누각이 있고, 누각의 2층에는 칠보七寶로 만든 작은 탑이 있는데, 그 안에 여래如來의 정골이 모셔져 있다"고 한다. 또한 촉루골탑髑髏骨塔이 있는데, 그 안에 모신 부처님의 안정眼睛에서 광명이 비쳤다는 것이다.

촉루골탑에는 부처님이 사용하던 석장錫杖도 모셨다. 현장 스님은 "전단으로 만든 백철白鐵 고리가 달린 부처님 석장이 있었다"고 『대당대자은사삼장법사전』에 기록했다. 전단은 앞서 말한대도 향기가 뛰어난 까닭에 불상佛像을 조성하거나 불단佛壇을 만들 때 사용한다.

이 이야기는 『법원주림法苑珠林』과 현장 스님이 직접 지은 『대당서역기大唐西域記』에도 등장한다. 현장 스님은 서기 629년 당나라 수도 장안(長安, 지금의 시안西安)을 떠나 서역西域과 천축天竺을 순례하고 16년만인 645년 귀국했다. 『대당서역기』는 그 과정을 기록한 여행기이다. 이 책의 '나게라갈국那揭羅曷國' 편에는 혜라성에 있는 부처님 사리탑과 함께 『대당대자은사삼장법사전』에 실린 전단으로 만든 부처님 석장 이야기가 나온다. 나게라갈국은 아프가니스탄 카불강 유역의 남부로 추정되는데, 역시 천축을 유람한 법현 스님의 전기를 다룬 『고승법현전高僧法顯傳』에는 나갈那竭로 표기되어 있다.

부처님 석장 보고 눈물 흘린 마야부인

마야부인은 부처님의 어머니이다. 줄여서 마야라고 하는데 존칭으로는 마하마야(Maha Maya, 摩訶摩耶)라고 한다. 친정으로 가는 길에 있는 룸비니 동산의 무우수無憂樹 아래에서 훗날 부처님이 된 고타마싯타르타를 낳았다.

마야부인은 아들을 출산하고 일주일 만에 세상을 떠났다. 그 뒤로 고타마싯타르타는 이모인 마하파자파티(Mahapajapat)의 손에 자랐다. 싯타르타는 어머니의 얼굴조차 모르고 성장한 것이다.

사랑하는 아들을 두고 세상을 떠난 마야부인의 심정은 어떠했을까? 어떤 표현으로도 설명하지 못할 슬픔에 빠지지 않았을까? 깨달음을 이야기하고 모든 것은 변한다는 무상無常의 가르침을 전하는 불교의 입장에서 마야부인과 싯타르타의 작별에 너무 낙담해서는 안 될 것이다. 그러나 부처님 이전에 인간적인 면에서 바라볼 때 마야부인의 마음은 애통 그 자체였을 것이다.

마야부인과 부처님의 애틋한 사연은 석장을 통해 이어진다. 남제南齊 시대 담경曇景 스님이 번역한 『마하마야경摩訶摩耶經』에 나오는 이야기다. 도리천忉利天에 머물던 마야부인은 어느 날 수미산(須彌山, Sumeru)이 무너지는 등 다섯 가지 악몽을 꾼다. 불교에서 우주의 중심으로 여기는 수미산이 무너지는 꿈은 안 좋은 일이 생길 것이라는 징조였다. 잠에서 깬 마야부인은 당신의 아들인 고타마싯타르타, 아니 깨달음을 이룬 부처님이 열반에 들었음을 알게 된다. 부처님 십대제자 가운데 한 명인 아나율阿那律 존자에게 이 같은 사실을 확인한다.

서둘러 부처님 법체法體가 모셔진 곳으로 달려온 마야부인은 꽃을 공양하고는 쓰러져 눈물을 흘렸다. 그 자리에는 부처님이 사용하던 가사, 발우와 더불어 석장이 놓여 있었다. 부처님은 가사, 발우, 석장을 늘 지니고 다녔던 것이다. 마야부인은 "가사, 발우, 석장을 사용하며 세상을 널리 복되게 하고 하늘과 사람을 이롭게 하였다"면서 "그러나 이제 이 물건의 주인이 없으니, 슬픔을 다 말할 수 없다"고 눈물을 흘렸다. 마야부인이 너무 슬피 울자, 열반에 든 부처님이 일어나 합장한 후 어머니를 위로했다고 한다. 부처님은 어머니를 위해 아난阿難에게 『마하마야경摩訶摩耶經』을 전하고 다시 열반에 들었다. 『마하마야경』은 『불승도리천위모설법경佛昇忉利天爲母說法經』, 『불임열반모

자상견경佛臨涅槃母子相見經』이라고도 한다.

『대당서역기大唐西域記』에도 석장 등 부처님 유품을 보고 슬퍼하는 마야부인에 대한 글이 실려 있다. 『마하마야경』과 비슷한 내용이다. 부처님 열반 소식을 듣고 비탄에 잠겨 정신을 잃었다 깨어난 마야부인은 곧바로 사라쌍수沙羅雙樹로 달려갔다. 석장을 비롯한 가사와 발우를 보고 슬피 울다 쓰러졌다. 깨어난 마야부인은 이렇게 말했다.

"사람과 하늘의 복이 다했구나, 세간의 눈도 사라졌구나. 이제 이 물건들은 쓸모 없으니, 주인이 없구나."

부처님 석장 받은 아난과 가섭

중국 당나라 도세道世스님이 저술한 『법원주림法苑珠林』은 일대유서一大類書로 불릴 정도로 양이 방대하다. 여러 종류의 책을 종합해 내용이나 항목별로 분류 편찬한 책을 유서라고 한다. '일대'는 '아주 크다'는 의미이다. 일대유서로 불리는 『법원주림』은 일종의 불교백과사전이라고 할 수 있다.

『법원주림』에는 중국문학의 특징 가운데 하나인 지괴志怪소설도 다수 등장한다. 중국 한漢나라 말부터 육조六朝 시대까지 유행한 지괴소설은 기괴한 이야기들을 담은 작품이다. 아주 무섭거나 비상식적인 괴담怪談보다는 신비롭고 흥미로운 이야기라고 봐야 한다.

『법원주림』에는 주장자와 관련된 이야기도 다수 모아 놓았다. 열반에 들게 된 부처님은 당신이 그동안 지녀온 가사와 발우와 석장을 아난존자阿難尊者에게 전하고 금강정金剛定에 들어 쇄신사리碎身舍利했다고 한다. 금강삼매金剛三昧에 들었다는 의미의 금강정은 무엇으로도 깨트리기 어려운 금강처럼 일체 번뇌가 끊어 없어진 상태의 선정禪定이다. 금강유정金剛喩定, 금강심金剛心, 정삼매頂三昧라고도 한다. 궁극적으로는 열반과 같은 의미이다.

부처님 석장을 전해 받은 아난은 십대제자의 한 명이다. 본래 이름은 아난다이며, 한문으로는 무염無染, 환희歡喜, 경희慶喜라 옮긴다. 부처님 사촌동생이다. 다문제일多聞第一로 불릴 정도로 부처님을 가장 가까이서 모셨다. 부처님 열반 후 대가섭이 중심이 되어 제1차 결집結集을 할 때도 중요한 역할을 담당했다.

한편 『법원주림』의 또 다른 대목에는 아난존자와 같이 부처님 십대제자인 가섭존자迦葉尊者가 석장을 받았다는 내용이 전한다. 어느 날 가섭존자는 해가 질 무렵 선정을 마치고 대중에게 무상無常, 고苦, 공空, 무아無我를 설했다. 그리고 부처님에게 받은 가사, 발우, 석장을 갖고 금시조(金翅鳥, 극락조, 가릉빈가)처럼 하늘로 올라갔다는 것이다.

가섭존자는 마하가섭摩訶迦葉, 대가섭大迦葉으로 불린다. 대음광大飮光이나 대구씨大龜氏라고도 한다. 왕사성王舍城의 부자인 니그루다칼파의 아들로 태어났다. 영취산靈鷲山에서 부처님이 꽃을 들어 올리자 유일하게 뜻을 이해하고 미소로 답했다는 '염화미소拈華微笑'의 주인공이다. 선종禪宗에서는 부처님의 선법禪法을 받은 제1조로 추앙한다.

부처님이 지은 '지팡이 노래'

부처님이 사위국舍衛國 기수급고독원祇樹給孤獨園에 머물 당시의 일이다. 어느 날 부처님이 이른 아침에 탁발托鉢을 하려고 길을 나섰다. 그 때 나이 지긋하고 몸이 쇠약한 한 노인이 지팡이를 짚고 집집마다 다니며 걸식乞食을 하는 모습을 보았다. 그 노인은 엄청난 재물을 지닌 부자인데 걸식하고 있으니 이상한 일이 아닐 수 없었다.

부처님이 "그대는 나이도 많고 몸도 쇠약한데 어찌하여 지팡이를 짚고 다니며 걸식하는 것입니까?"라고 물었다. 노인이 답했다. "저는 모든 재산을 아들에게 물려주고 며느리를 맞이한 뒤에 집을 나왔습니다. 그리하여 지금은 이렇게 지팡이를 짚고 집집마다 다니며 밥을 빌어먹고 있습니다."

평생 모은 재산을 상속받은 자식이 봉양하지 않는 사실을 알게 된 부처님은 마음이 아팠다. 세상의 많은 가치 가운데 으뜸에 해당하는 효도孝道를 실천하지 못하고 헌신짝처럼 여기는 세태에 안타까운 마음이 들었다.

부처님이 말했다. "내가 그대에게 게송 하나를 줄 테니 외울 수 있겠습니까. 대중들에게 그대의 아들을 두고 하는 말이라고 할 수 있겠습니까?"

노인이 답했다. "마땅히 받아 외울 것입니다."

부처님은 게송을 읊었다. "아들을 낳고 기쁜 마음이었고, 그 아들을 위해 재물을 모았네, 아들을 결혼 시킨 뒤에, 나는 모든 것을 버리고 집을 나왔네. 아들은 그런 아버지를 모른 채 등지니, 비록 사람 얼굴이지만 나찰羅刹의 마음이네, 아들은 아버지를 버렸네. 아들은 아버지를 버렸네. 아들은 아버지를 버렸네."

노인은 부처님의 게송을 한 글자도 놓치지 않으려 귀를 쫑긋 세웠다. 부처님은 게송을 이어갔다. "마치 늙은 말처럼 쓸모없다며, 보리 껍질까지 빼앗으니, 아들은 젊지만 아버지는 이제는 늙어, 집집마다 다니며 밥을 빌어먹네."

애지중지 키운 아들이 아버지를 버린 현실을 게송에 담았던 것이다. 부처님은 노인이 짚고 다니는 '지팡이'가 아들보다 낫다며 효도의 중요성을 강조하는 말씀을 계속했다.

"구부러진 지팡이가 으뜸이다. 아들은 사랑할 것이 못되니, (지팡이는)

나를 위해 성난 소를 막아주고, 성난 개를 물리쳐 주고, 불이 없는 어두운 곳에서는 나를 붙드네, 깊은 구덩이나 우물, 그리고 가시밭을 피할 수 있게 하네. 지팡이에 의지했기에 (나는) 넘어지지 않는다네."

노인은 부처님이 전한 게송을 전부 기억했다. 그리고 대중이 있는 자리로 가서 그대로 읊었다. 저잣거리에 소문이 쫙 퍼졌다. 게송의 내용이 노인의 아들을 두고 하는 말임을 모르는 이 없었다. 부처님이 아버지에게 전한 게송을 알게 된 아들은 부끄러웠다. 그 길로 아버지에게 용서를 빌고 집으로 모셔와 정성껏 예우하며 효도를 다했다.

집으로 돌아온 노인은 "이제 우리 집안은 훌륭한 가문이 되었다"면서 "이 모든 것이 부처님의 은혜"라고 고마워했다. 그는 "스승에겐 스승에 합당하게 공양을 하고, 화상和尙에겐 화상에 합당하게 공양해야 한다"면서 "이제는 부처님이 나의 스승이니, 가장 훌륭하고 묘한 옷을 공양하리라"고 발원했다.

부처님을 찾아가 예를 올린 노인은 "구담(瞿曇, 고타마, Gotama)이시여, 부처님 덕분에 이제 집으로 돌아가 편안하게 지내고 있습니다"면서 "모든 것이 부처님 때문이니, 저의 스승이 되어 주십시오"라고 청했다. 정성껏 준비한 옷도 공양을 올렸다.

부처님은 가엽게 여겨 그의 뜻을 받아들였다. 노인은 환희심을 일으키며 말씀을 듣고 난 후 돌아갔다. 『잡아함경雜阿含經』에 실린 『바라문경婆羅門經』에 나오는 일화이다. 부모를 봉양하는 효도가 땅에 떨어진 현실은 예나 지금이나 별반 차이가 없는 것 같다. 지팡이만도 못한 자식이 되어서는 안된다는 부처님의 가르침은 지금도 미래도 유효할 것이다.

부처님이 태어난 룸비니에 있는 보리수

주장자拄杖子 >> 3부.

경전에 나오는 주장자

지혜로 번뇌를 파하고

"석장을 지니고 다니는 것은 창을 지닌 것과 같으니, 지혜의 칼로 번뇌의 적을 파하고 일체를 이롭게 하라." 『대승본생심지관경大乘本生心地觀經』에 나오는 가르침이다. 주장자를 짚고 다니는 모습이 마치 무기를 지닌 군인의 모습처럼 보이기도 한다. 군인이 백성의 생명을 지키려고 무기를 든다면, 출가자는 무명無明을 밝혀 모든 생명을 광명으로 인도해야 한다. 그러기에 스님들이 지니는 석장은 무명을 몰아내는 중요한 도구이며 방편이다. 군인이 지닌 무기와 다름없다.

탐진치 삼독에 빠져 어둠에서 헤어나지 못할 때 등불은 매우 중요하다. 불을 밝혀야 어둠에서 길을 찾을 수 있기 때문이다. 등불은 지혜智慧이며 반야般若이다. 망망대해 같은 사바세계에서 고통에 빠지지 않고 무명에 눈 멀지 않으며 정토淨土로 향할 수 있는 나침반이 지혜이다. 스님들이 지니는 주장자와 석장은 부처님 가르침을 상징적으로 담고 있으니, '지혜의 칼'이라 하지 않을 수 없다. 그래서 주장자의 또 다른 이름이 '가르침의 지팡이'인 법장法杖이다.

『대승본생심지관경』은 중국 당나라 덕종德宗 시절인 서기 790년 반야般若 스님이 번역했다. '마음 자리의 묘한 법'을 13품에 걸쳐 풀었다. 이 경전은 『본생심지관경』 또는 『심지관경』이라 불린다.

謝人惠拄杖(사인혜주장)

輪囷鹿縮狀如龍(윤균녹축상여룡)
入手令人氣轉雄(입수영인기전웅)
呑吐乾坤無不可(탄토건곤무불가)
忽然雷雨忽晴空(홀연뇌우홀청공)

혜심 스님이 주장자 준 이에게 감사하며

이리저리 구부러진 모양이 용 같고
손으로 쥐면 사람 기운이 뛰어나네
천지 삼키고 토해 냄 불가능하지 않네
뜻밖에 천둥 치고 비 오다 갑자기 그치네

주장자 들고 서역에서 온 스님들

중국 동진東晋의 제3대 황제 성제成帝 때의 일이다. 함화咸和라는 연호를 사용할 무렵이니 서기 326년에서 334년 사이이다. 『법원주림法苑珠林』에 실린 이야기다.

지금의 남경南京인 단양丹陽의 윤고리라는 관리가 시궐(市闕, 저자거리와 대궐)을 자주 오갔다. 그런데 그가 후교포後橋浦를 지날 때면 상서로운 빛이 났다. 그러던 어느날 신기한 생각이 들어 아랫 사람에게 빛이 나는 곳을 찾아보도록 했다. 수색해 보니 황금黃金으로 조성한 불상佛像에서 상서로운 빛이 나는 것이었다. 그런데 불상의 발이 빠지고 없었다. 아마 좌대座臺가 없음을 표현한 것으로 보인다.

윤고리는 수레에 금불상을 싣고 장간항長干巷이란 동네에 이르렀다. 어찌된 일인지 수레를 끄는 소가 더 이상 가지 않는 것이 아닌가. 고삐를 당겨보

기도 하고, 채찍을 휘둘러도 소는 꼼짝도 하지 않았다. 윤고리는 소를 모는 우부牛夫에게 "더 이상 채근하지 말고, 소가 가고자 하는대로 그냥 맡겨두라"고 했다. 그러자 소는 금불상을 실은 수레를 끌고 곧장 장간사長干寺로 갔다. 부처님 뜻으로 받아들인 윤고리는 후교포에서 발견한 금불상을 장간사에 기증해 법당에 봉안했다. 장간사 스님은 물론 마을 사람 등 대중이 기뻐했다. 금불상은 밤마다 광명을 나투었다.

그 해 연말에 임해현(臨海縣, 지금의 절강성)에 사는 장손세張孫世라고 하는 어부가 바다에서 일을 하다 물건 하나를 구했다. 바닷물 위에 붉은 빛이 떠도는 것을 보고 이상하게 여겨 그물을 던져 건져 올린 것이다. 연꽃 받침 모양이었다. 상대(上臺, 관청)에 올리니 황제가 장간사에 봉안한 황금불상의 발에 신겨보았다. 딱 들어 맞았다.

얼마 뒤 서역西域에서 스님 다섯 명이 윤고리에게 와서 석장錫杖을 흔들며 이렇게 말했다. "전에 천축天竺에서 지낼 때 아육왕阿育王에게 받은 불상을 업군(業郡, 지금의 중국 안양 인근)에 이르러 난리를 만나 강가에 묻었습니다. 난리가 끝나 찾아 보니 도무지 어디 있는지 알 수 없습니다. 그런데 얼마전 꿈에 '강동江東으로 가는 도중에 고리 때문에 지금은 아육왕사阿育王寺에 있다'고 했습니다. 그리하여 이렇게 예배禮拜를 드리고자 합니다."

윤고리가 발견하여 장간사에 기증한 황금불상은 서역의 스님들이 인도 아육왕에게 전해 받은 불상이었다. 혼란한 나라 상황 때문에 불상을 강가에 숨겼지만 찾지 못하던 스님들의 꿈에 황금불상이 나타났던 것이다. 스님들은 석장을 들고 윤고리를 찾아와 그간의 일을 설명하고 불상에 예를 올리려는 뜻을 전했다. 또한 황금불상의 발이 빠진 것을 어부가 발견해 다시 구족具足하게 했던 것이다.

그 뒤로도 황금불상은 가뭄이 몹시 심할 때 비가 오게 하는 등 많은 이적異蹟을 보여 여러 나라의 황제, 신하, 백성이 귀의해 찬탄했다.

주장자 들고
꿈에 나타난 스님

중국 송나라 태시泰始 때의 일이다. 태시는 송나라 명제明帝가 사용한 연호이다. 명제 재위 기간은 465년부터 472년이었다.

이 무렵 동해東海에 사는 하경숙何敬叔은 어릴 때 부터 불교와 가까워 신심이 돈독했다. 그러던 어느 날 상주자사湘州刺史 유온감현劉韫監縣을 따라 나섰다 전단栴檀나무를 구했다. 불심이 깊은 하경숙은 전단나무로 불상을 조성하겠다는 원력을 세웠다. 간절히 기도하는 마음으로 전단나무를 자르고 깎고 다듬었다. 정성껏 공을 들인 덕분에 불상이 여법한 모습을 갖추었다. 이제는 세상의 무명無明을 밝히는 부처님 광명光明처럼 불상에서 광채가 나도록 하고 싶었다. 하지만 아무리 다듬고 닦아도 빛은 나지 않았다.

고민에 빠져 며칠 동안 밤잠을 이루지 못했다. 그러던 어느날 책상에 기대어 깊이 생각하다 풋잠이 들었다. 허름한 옷차림새에 석장을 든 스님 한

분이 나타나 이렇게 말했다. "그대는 무얼 그리 고민하시오. 전단나무는 거칠어 쓰기 어려우니, 하씨何氏가 집에 갖고 있는 동순桐楯이면 가능할 것이오. 하씨가 동순을 아무리 아껴도 정성을 다한다면 구하지 못할 것이 없소."

꿈에서 깬 하경숙은 곧장 하씨 집으로 달려갔다. 동순을 구입하고 싶다는 의사를 전했다. 하씨는 "그것은 내가 매우 소중히 여겨 혹시 누구에게 뺏길까 염려해 보이지 않았다"면서 "명부明府님은 그것을 어찌 알고 구입하려고 하시는게요"라고 물었다. 명부는 관직으로 지금의 시장이나 군수에 해당한다.

이에 하경숙은 사실대로 말했다. 꿈 이야기를 들은 하씨는 기쁜 마음으로 동순을 내주었다. 돌아온 하경숙은 전단나무로 조성한 불상에 광택을 낼 수 있었다. 그는 뒤에 고위직인 상부직성湘府直省의 자리까지 올랐다. 『법원주림法苑珠林』에 나오는 이야기다.

송나라 승량 스님과 장육불상

유유劉裕가 건국해 '유송劉宋'이라 불렸던 중국 송宋나라의 강릉江陵 장사사長沙寺에 승량僧亮 스님이 주석하고 있었다. 스님은 지조가 굳고 계율을 잘 지키며 청정하게 수행해 모든 이들의 존경을 한 몸에 받았다. 승량 스님은 1장6척一丈六尺이 되는 무량수無量壽 불상을 조성하겠다는 원력을 세웠다. 1장6척은 약 4m 80cm나 되니, 스님이 모시고자 한 무량수불상은 대불이었다. 부처님 키와 같은 1장6척이니 등신불상等身佛像이다. 이렇게 조성한 부처님을 장육불상丈六佛像 또는 줄여서 장육丈六이라고 한다.

승량 스님은 무량수불을 장육상으로 모시기 위해 여러 해 동안 노력했다. 하지만 뜻을 성취하기 쉽지 않았다. 대불 조성에 필요한 불사금과 구리를 마련하는 것이 쉽지 않았다. 그러던 어느날 상주湘州 고계산銅溪山의 한 사당에 구리로 만든 그릇이 많다는 소식을 전해 들었다. 승량 스님은 그곳에 있는 구리 그릇을 구해 불사에 사용하고자 마음을 냈다. 그길로 자사刺史 장소張邵를 찾아가 앞뒤 사정을 설명하고 몇 척의 배와 100명의 장사壯士를 지원해 줄 것을 요청했다. 자사는 군郡이나 국國을 감독하는 관리이다. 제후왕諸侯王이나 군태수郡太守 등을 감찰하는 임무를 맡고 있다.

스님의 청을 받은 장소는 "그 사당은 영험이 있어 그곳을 범하면 목숨을 잃을 것입니다"라면서 "더구나 오랑캐들이 지키고 있어 사당에 가는 일 조차 쉽지 않습니다"라고 난색을 표했다. 승량 스님은 "(일을 성취하면) 복은 그대와 같이 할 것입니다"라면서 "(그러나 실패하면) 나는 죽음을 감수할 것입니다"라고 단호하고 결연한 표정을 지으며 답했다.

스님의 뜻이 견고함을 안 장소는 배와 장사들을 내 주었다. 그 길로 배를 타고 사당을 향해 떠났다. 바람이 불고 구름이 몰려왔다. 물살이 거셌다. 새와 짐승들도 울었다. 그러나 스님과 일행이 탄 배는 무사히 사당에 있는 곳에 도착했다. 안개가 물러가고 해가 나왔다. 장사들과 배에서 내린 승량 스님은 사당으로 향했다. 그런데 사당을 앞두고 구리로 만든 대형 가마솥이 놓여 있었다. 조심스레 뚜껑을 열어보니 길이가 10여 장丈이나 되는 큰 뱀이 들어 있었다. 1장丈은 1척尺의 10배이며, 1척은 약 30.3cm 이니, 10여 장은 족히 30m는 넘는다. 가마솥 밖으로 커다란 뱀이 나오자 100명이나 되는 덩치 큰 장사들이 하나같이 소스라치게 놀라 달아나려고 했다.

그러나 승량 스님은 전혀 뒤로 물러나지 않았다. 오히려 승복을 잘 여미고는 앞으로 나가 손에 쥐고 있는 석장錫杖을 흔들며 뱀에게 말했다. "너는 전생의 업으로 뱀의 몸을 받은 것이다. 삼보三寶를 믿지 않고 어찌 구제를 받을 수 있겠는가. 나는 지금 1장6척의 무량수불상을 모시려고 한다. 이곳에 구리가 많다는 이야기를 듣고 왔으니 너는 길을 비켜 장육상을 조성할 수 있도록 하라."

머리를 치켜 든 채 스님의 이야기를 듣고 난 뱀이 길을 내주었다. 스님은 뒤로 물러난 장사들을 다시 불러 사당에 있는 구리를 배에 옮겨 실었다. 워낙 구리가 많고 무겁기도 하여 모두 갖고 가지 않았다. 무량수불상을 만드는데 필요한 양만 취했다. 사당에 있는 구리의 10분의 1 정도였다.

강릉 장사사로 돌아온 스님은 처음 발원대로 무량수불상을 조성했다. 불사를 마친 것은 송나라 원가元嘉 9년이었다. 원가는 송나라 문제文帝의 연호로 424년 8월에서 453년까지 29년이다. 따라서 원가 9년은 서기 432년이다.

승량 스님이 조성한 무량수불상은 위엄이 있으면서도 자비로웠다. 상호는 단엄(端嚴, 단정하고 엄숙)하고 위광(威光, 위엄이나 권위)은 눈이 부셨다. 참배객들이 이어졌다. 불상이 영험하다는 소문이 문황제의 귀까지 전해졌다. 문제는 무량수불상을 도성으로 이운하도록 했다. 하지만 그때까지 광배光背를 갖추진 못했다. 이에 문제는 금박金薄으로 원광圓光을 만들어 안락사安樂寺에 무량수불상을 봉안하려고 했다.

주변의 여러 사람 의견을 들어 팽성彭城에 있는 동본봉탑同本封塔에 무량수불상을 옮겼다. 다음 황제인 명제明帝 1년에 상궁사湘宮寺를 짓고 무량수불상을 봉안했다.

『법원주림』 제6권 경불편敬佛篇 감응연感應緣과 『양고승전梁高僧傳』에 나오는 이야기다.

주장자에 가위와 거울을 달고

중국 양梁나라 도읍지 도림사道林寺에 보지保誌 스님이 주석하고 있었다. 금성金城 출신으로 성은 주朱씨였다. 은사 승검僧儉 스님 회상에서 참선 수행하며 정진했다.

그러던 어느 날 스님은 갑자기 방자하고 거만해졌다. 행동도 마음대로 하고 음식을 먹는 때도 일정하지 않았다. 심지어 머리까지 길렀다. 신발도 신지 않고 맨발로 거리를 돌아다녔다. 스님은 석장錫杖에 전도(剪刀, 가위), 거울, 한 두 필의 비단을 걸고 다녔다. 세상 사람들이 의아하게 여겼다. 그러나 스님은 전혀 개의치 않았다. 하필이면 가위, 거울, 비단이었을까? 궁금한 일이다.

기이한 행적은 여기서 멈추지 않았다. 며칠씩 먹지 않고도 배고픈 기색이 없었다. 다른 이들과 대화할 때는 처음에는 어려운 듯 했지만 나중에는 모

두 알아 들었다. 글도 뛰어나 장안 사람들이 스님을 섬겼다.

제나라 무제武帝는 대중을 미혹시킨다는 이유로 스님을 감옥에 가두었다. 그런데 다음날 아침 감옥에 있어야 할 스님이 시장으로 들어가는 모습을 여러 사람이 보았다. 옥리獄吏가 살펴보니 스님은 감옥에 그대로 있었다. 스님은 "지금 밖에는 금발우金鉢盂에 밥을 담은 수레가 두 대 왔을 터이니 가서 받아 오시게"라고 했다. 옥리가 나가 보니 사실이었다. 문혜文慧 태자와 왕자 양良이 보낸 것 이었다.

신기한 일은 여기서 그치지 않았다. 스님은 추운 겨울에도 상의를 입지 않고 다녔다. 맨몸을 그대로 드러냈다. 이를 안타깝게 여긴 보량寶亮 스님이 옷을 한 벌 주려고 생각했다. 그런데 미처 뜻을 전하지 않았는데 스님이 와서 옷을 가져갔다.

어느 날 스님은 마을 사람이 준 생선을 배불리 먹었다. 스님이 고기를 먹는다고 수군거렸다. 스님은 말 없이 냇가에 가서 먹은 것을 토해냈다. 앞서 먹었던 물고기들이 살아서 움직였다.

이적을 많이 보이던 어느날, 천감天監 5년(506) 겨울 이었다. 그해는 몹시 가물었다. 기우제를 지내도 소용 없었다. 그 때 스님은 황제에게 화광전華光殿에서 『승만경勝鬘經』을 강설하면 비가 내릴 것이라며 말했다. 황제는 법운法雲 스님으로 하여금 『승만경』을 강설하게 했다. 강설이 끝나는 날 밤 큰눈이 내려 가뭄을 일시에 해소했다.

천감天監 13년(514) 겨울. 스님의 세수 97세 되었을 때였다. 그때까지 아무 병이 없던 스님은 "내 이제 떠나려 한다"고 말한 뒤 열흘이 되지 않아 열반에 들었다. 스님의 법구法軀는 향기롭고 부드러웠다. 얼굴은 마치 살아 있는 사람처럼 화기和氣를 보였다. 원적에 들면서 스님은 불 밝힌 초 한 자루를 황제에게 전했다. 황제는 "대사를 더 이상 붙들 수 없게 됐다"면서 "촛불을 전한 것은 뒷 일을 부탁한 것"이라고 여겼다. 장례를 성대하게 치른 후 무덤곁에 개선정사開善精舍를 세우고 스님의 뜻이 후대에 전해지도록 했다. 『법원주림』과 『양고승전』에 나오는 이야기다.

주장자 들고 호랑이를 물리치다

중국 진晋나라 때의 일이다. 섬현剡縣 은악산隱岳山에 백승광帛僧光이란 스님이 있었다. 담광曇光 스님이라고도 불렸다. 젊을 때 부터 참선 수행을 했다.

어느날 스님이 석성산石城山이르자 그곳에 사는 백성들이 이구동성으로 “옛날부터 사나운 짐승이 많아 재앙이 있고, 산신山神도 모질어 인적이 끊어진 지 오래 됐다”면서 입산을 만류했다.

그러나 스님은 “두려워할 일이 아니다”면서 “갈 길을 가겠다”고 나섰다. 사람을 시켜 무성한 풀을 깎게 하고 산에 들어섰다. 주장자를 등에 맨 스님도 같이 움직였다. 그렇게 하루가 지났다. 갑자기 바람이 불고 비가 쏟아졌다. 호랑이들이 크게 울부짖었다.

석성산 남쪽 기슭에서 발견한 석실石室을 수행처로 삼은 스님은 그곳에서 참선 정진을 했다. 마을에서 탁발한 후 돌아와 석실에서 참선한지 3일이 지났다. 어떤 때는 호랑이로, 어떤 때는 독사로 몸을 나툰 산신山神이 스님 꿈에 나타났다. 스님은 두려워 하지 않았다. 다시 3일이 지났다. 꿈에 산신이 다시 보였다. "(저는) 장안현章安縣 한석산韓石山으로 옮겨가 살겠습니다. 이 석실은 스님이 사용하십시오."

그후 석성산과 스님의 석실에는 많은 사람들이 자유롭게 다니게 됐다. 참선 공부를 하고 싶은 이들은 석실 옆에 띠로 지붕을 이어 건물을 만들었다. 점점 사찰의 모습을 갖추었고, 이름을 은악隱岳이라고 했다.

승광 스님은 참선에 들면 7일 간은 미동도 하지 않았다. 석성산 석실에 주석한지 53년이란 세월이 흘렀다. 스님은 세수 110세 때인 진나라 태원(太元, 376~396) 말년 머리를 옷으로 싸고 좌정한 채 편안한 모습으로 원적에 들었다. 처음에는 평소대로 참선하는 줄 알았던 대중들이 7일이 지나도 움직임이 없자 조심스럽게 살폈다. 얼굴색은 평소와 같았는데, 코 속의 숨결이 없었다. 비로소 스님이 돌아가신 줄 알았다.

열반에 든 스님의 법구는 그후에도 변화가 없었다. 세월이 흘러도 그대로 였다. 효건孝建 2년(455년) 곽홍郭鴻이 부임해 참배한 후 스님의 옷을 풀어 헤쳤다. 시원한 바람이 일면서 옷과 피부가 흩어져 흰 뼈만 남았다. 두려운 마음에 스님의 뼈를 석실에 모시고 벽돌을 쌓고 바른 뒤 형상을 그려 놓았다. 지금도 남아 있다고 한다.

맹수 싸움 말린
담순 스님 주장자

중국 수隋나라 때의 일이다. 산에서 두 마리의 호랑이가 생사를 걸고 싸우고 있었다. 하루 이틀도 아니고 벌써 여러날 이었다. 누가 나서 말릴 수도 없었다. 그때 한 스님이 격렬하게 싸우고 있는 두 마리 호랑이를 주장자를 사용해 떼어 놓았다. 그 순간 호랑이들은 양처럼 순해졌다. 스님이 타일렀다. "너희들은 숲에 같이 살면서 크게 싸울 일이 없을텐데, 어찌하여 분노하고 성을 내어 싸우는가. 싸우지 말라."

온순하게 머리 숙여 스님 말을 귀담아 들은 두 마리 호랑이는 거친 숨을 몰아 쉬고 숲으로 돌아갔다. 그들은 더 이상 싸우지 않았다. 스님이 싸움을 말린 것이 이날 만은 아니었다. 그 후에도 곰이나 또 다른 호랑이들이 다투면 앞서와 같이 주장자로 싸움을 말렸다. 맹수猛獸들의 싸움을 주장자 하나로 말린 스님의 법명은 담순曇詢이었다. 양주 백첨산사栢尖山寺에 주석했으며, 속성은 양楊씨, 고향은 홍농弘農 화음華陰이었다.

오직 참선 수행에 몰두한 담순 스님이 녹토곡鹿土谷이란 곳에서 정진할 때였다. 몇해 동안 가물어 모든 샘이 바짝 말라 있었다. 그런데 스님이 머물며 수행하자, 말랐던 샘에 물이 흐르기 시작했다. 목이 바짝 타들어간 사슴 등 동물들이 모여들어 샘물을 마시고 기뻐했다. 같이 공부하던 스님들도 상서로운 일이라고 경하慶賀했다.

담순 스님이 보인 신기한 일은 이뿐만이 아니었다. 일주일을 기한으로 정하고 선정禪定에 들면 백호白虎가 방에 들어가 정진하는 스님을 지켰다. 새들도 스님이 참선을 할 때는 더 이상 지저귀지 않았다. 절도 숲도 고요했다. 스님도 동물도 함께 선정에 들었던 것이다. 수행력과 덕이 높은 담순 스님이 10년이나 절 밖으로 나오지 않고 정진한다는 소식을 전해들은 수나라 문제文帝는 여러번 편지를 보내고, 수년간 향과 공양을 올렸다.

담순 스님은 개황開皇 초년初年 백첨산사에서 세수 80세로 원적圓寂했다. 『법원주림』과 『당고승전唐高僧傳』에는 풍진風疹이 발병해 세상을 떠났다고 기록하고 있다. 개황은 수나라 초대 황제인 문제文帝의 연호로 581년부터 600년까지다. 이 때를 개황성세開皇盛世 또는 개황지치開皇之治라고 한다. 문황제는 독실한 불자로, 재위 기간에 불교가 크게 홍성했다.

담순 스님이 병세가 악화되자, 몸은 붉고 목은 흰 새가 날아왔다. 처음에는 선원 주위를 빙빙 날면서 애절하게 울고, 스님이 위독해지자 당기堂基에 머물며 슬퍼했다. 어느 때는 문 앞에 있다 스님이 누워 있는 자리까지 와서 눈에서 피가 날 정도로 슬피 울었다. 스님이 사바세계와 인연을 다하자 흰 새는 선원을 빙빙 돌다 날아갔다. 예전에 스님에게 감화 받은 호랑이가 선원으로 찾아와 입적을 슬퍼하며 포효咆哮했다.

이틀 동안 안개가 짙게 내리고 산이 무너져 돌이 굴러 떨어졌다. 숲이 묻히고 물이 막히니 사람과 짐승 모두 놀라 어찌할 바 몰랐다. 실제 그러한 일이 생겼다기 보다는 평생 사람뿐 아니라 동물까지 제도하며 덕德으로 대했던 담순 스님의 입적으로 상징적으로 표현한 것이다. 『당고승전』에는 "사람과 짐승이 의탁할 곳을 잃으니 슬픔과 신령스런 상서祥瑞를 어찌 다 기록하겠는가"라고 했다.

소신공양한
승애 스님과 육환장

중국 주周 나라 때의 일로 『법원주림』에 나오는 이야기다. 어느 해 7월 14일. 더위가 한창 이었다. 오직 수행에만 집중하는 승애僧崖 스님이 시자를 불러 조용한 목소리로 말했다. "이보게 가서 효애사孝愛寺에 주석하는 도導선사가 보내 오신 석장과 가사, 그리고 자줏빛 이불을 갖고 오게나." 시자는 스님의 명을 따랐다. 『법원주림』에는 도 선사가 보낸 석장이 '육바라밀六波羅蜜 석장'이었다고 한다. 고리가 여섯 개 달린 육환장六環丈이었다. 이밖에도 승연僧淵 스님이 비단을 보내오기도 했다. 재물이 산처럼 쌓였다고 한다.

앞서 승애 스님이 머무는 도량이 땅이 크게 진동하며 큰 소리가 났다. 사람과 동물들이 모두 깜짝 놀랐다. 하늘에 용, 양, 개, 뱀, 무기의 형상이 나타난 뒤에야 소리는 멈추고 조용해 졌다. 스님은 대중들에게 "경수삼매驚睡三

昧일 뿐이니 걱정할 것 없다"면서 "이제 몸을 버리려 하니 공양을 갖추라"고 당부했다. 스님은 당신의 몸을 부처님께 바치는 소신공양燒身供養의 원력을 이미 세웠다. 도 선사와 승연 스님이 석장 등 보시물을 보내온 것도 이 때문이었다.

승애 스님은 나무를 높이 쌓아 누각처럼 만들고, 그 위에 조그만 방을 만들어 기름을 부어두었다. 삼씨를 말려 짠 기름이 장작마다 스며들었다. 임종게는 시자 지염智炎에게 남겼다. "병들고 아픈 사람들을 잘 공양하라. 본래 부처님과 성인이 방편으로 몸을 나투는 것이니 헤아리기 어렵다. 마음의 평등이 아니면 어찌 공양하겠는가. 이것이 진실한 행行이다."

승애 스님이 소신공양할 것이란 소식을 듣고 모인 10만 여명의 스님과 신도들이 애통한 마음으로 소리내어 울었다. 하지만 스님은 동요하지 않고 "오로지 보리심菩提心만 지키면 통곡할 이유가 없다"고 담담하게 말했다. 운집한 대중에게 설법도 하고 잠시 누워 잠을 청한 뒤 일어난 승애 스님은 "부처님 가르침은 만나기 어려우니 잘 호지護持해야 한다"고 당부했다.

그리고 자리에서 일어나 나무를 높이 쌓은 누각으로 향했다. 누각 주변을 세 바퀴 돌고난 후 네 개의 문을 향해 예를 올렸다. 이어 누각에 올라 난간에 기대어 아래를 보았다. 이제 밑에서 거화擧火만 하면 소신공양이 이뤄진다. 하지만 거화를 맡기로 한 왕찬王撰은 불을 붙일 수 없었다. 그는 "내가 불을 붙이면 성인聖人을 태우는 무거운 죄를 짓는 것"이라며 행동으로 옮기지 못했다. 나무 위 누각에 있는 승애 스님은 왕찬의 마음을 알고 그를 불러 머리를 어루만지며 "죄가 된다고 근심하지 말라. 오히려 큰 복을 짓게 될 것"이라고 위로했다. 그래도 왕찬은 차마 불을 붙일 수 없었다.

그렇게 시간이 흘러가고 결국 승애 스님은 직접 불을 붙였다. 처음에는 서북쪽, 그 다음은 서남쪽에서 불길이 올랐다. 기름을 머금은 장작은 순식간에 불길에 휩싸였다. 활활 타오르는 불 속에서 스님은 열반에 들었다.

스님의 법구를 수습하면서 신이神異한 일이 생겼다. 살은 물론이고 뼈까지 모두 타 없어졌지만, 붉은색을 띤 심장만은 그대로 남아 있었던 것이다. 다시 수레 40대 분량의 나무를 가져와 태웠지만 심장은 변함이 없었다. 대중은 스님의 심장을 정성껏 수습하여 모셨다.

형상이 없는 마음은 타고 없어질 것이 없다는 불교의 진리와 승애 스님의 가르침을 상징적으로 보여주는 일화이다. 승애 스님은 소신공양에 앞서 '상서로움을 보여달라"는 말을 듣고 이렇게 답했다. "나의 몸은 다하겠지만 마음만은 없애지 못할 것이다."

얼마 뒤 비현郫縣 비강郫江에 사는 한 사람이 하늘에서 그물로 된 수레를 타고 가는 승애 스님을 보았다. 노란 색 가사를 입고, 한쪽은 자줏빛 천으로 가리고 있었으며 손에는 석장錫杖을 쥐고 있었다. 소식을 들은 스님 수백명이 모두 큰 우산을 쓰고 뒤를 따랐다. 수레를 탄 승애 스님은 서쪽으로 사라졌다. 서방정토西方淨土 극락세계極樂世界로 간 것이다. 사람들은 스님을 '승애보살僧崖菩薩'로 부르며 존경 했다.

승애 스님은 주周나라 익주益州에 주로 머물렀다. 어려서 말수가 적었고 홀로 있는 것을 좋아했다. 산에 가서 샘물을 마셔도 반드시 절부터 먼저 했다. 하루 종일 앉아 있기를 즐겼다. 이유를 묻는 이들에게 "이 몸은 나쁜 것임을 생각했을 뿐"이라며 "훗날 반드시 태워버릴 것"이라고 답했다.

출가 전에도 또래 친구들과 물고기를 잡으면 자기 몫은 도로 살려주었다. 의아해 하는 친구들에게 "살생은 좋은 업이 아니다"면서 "맹세코 사냥을 하지 않겠다"고 말했다. 나이가 조금 더 들어서는 사냥 도구를 모두 태워버렸다.

담시 스님과 위나라 황제 척발도

중국 남북조 시대 북조北朝의 첫 왕조인 위魏나라 때의 일이다. 서기 386년부터 534년까지 존재한 위나라는 북위北魏라고 하는데, 선비족鮮卑族 탁발씨拓跋氏가 세웠다. 3대 황제 태무제太武帝는 408년부터 452년까지 재위했다. 그의 이름은 척발도拓跋燾였다.

태무제는 신하 최호(崔浩, 381~450)와 구겸지(寇謙之, ?~448)의 말을 듣고 불교를 탄압했다. 불상을 없애고 경전을 태웠다. 출가자들은 환속 시켰다. 북위 조정에 참여한 대표적인 한족漢族인 최호는 행정과 법령 체계를 세웠다. 구겸지는 도교 의례와 의식을 정리하는 등 도가이론을 재정립했다. 그들의 영향을 받아 북위는 도교道教를 국교로 삼았다.

불교 탄압이 한창이던 어느 해 정월 초하룻날이었다. 담시曇始 스님이 석장錫杖을 짚고 위나라 도읍지 평성平城에 들어가려고 성문 앞에 이르렀다. 성문을 지키는 병사의 보고를 받은 황제는 그 자리에서 즉시 목을 베어 죽이라고 지시했다. 왕명을 받은 병사가 세 번이나 칼을 휘둘렀지만 담시 스님은 죽기는커녕 아무 상처도 입지 않았다. 소식을 들은 척발도가 직접 나가 자기의 칼로 베고자 했으나 소용이 없었다. 화가난 그는 호랑이 우리에 스님을 넣었다. 그런데 호랑이들은 해치기는 커녕 스님 앞에서 눈을 감고 머리를 숙였다. 이상하게 여긴 척발도가 도술을 부리는 도교의 천사天師를 우리 곁에 있게 했다. 호랑이들이 그를 물고자 날뛰었다.

이를 본 척발도는 황제黃帝와 노자老子의 가르침이 불법佛法에 미치지 못함을 알고, 담시 스님을 호랑이 우리에서 꺼내어 상석上席으로 모시고 정중하게 사과했다.

불교를 탄압한 위나라 황제 척발도의 절복折伏을 받은 담시 스님은 이후에도 기이한 행적을 많이 보였다. 얼굴보다 발이 희기에 백족화상白足和尙이라고도 불린 스님은 동진東晋에서 갖고 온 불교 경전과 율장 수십부를 요동遼東 지역에 전하기도 했다.

『위록魏錄』에 수록된 이 이야기로 『변정론辯正論』에도 실려 있다. 『변정론』은 중국 당나라 법림法林 스님이 종남산終南山 용전사龍田寺에서 저술했다. 유불도儒佛道를 비교해 불교의 수승함을 나타내려는 목적으로 만들었다. 당나라 고조高祖 무렵 불교를 배격한 이중경李仲卿의 『십이구미론十異九迷論』과 유진희劉進喜의 『현정론顯正論』을 반박한 저술이다.

우파급다 존자와 선남자

우파급다優波笈多 존자尊者는 수행과 덕이 높아 많은 사람이 존경하고 따랐다. 제자 가운데 한명의 선남자善男子가 있었다. 그는 우파급다의 설법을 듣고 부처님 가르침을 알았다고 생각했다. "나는 이제 세간의 네 가지 선禪을 얻었으니, 더 이상 배우고 정진할 필요가 없다. 할 일을 모두 마쳤다."

우파급다 존자가 "선남자여, 그대는 계속 정진해야 한다"면서 "방일放逸하거나 안일安逸해서는 안 된다"고 경책했다. 하지만 그는 "아라한과를 얻었다"면서 자리에서 일어났다.

우파급다 존자는 다음날 가사를 입고 발우를 챙겼다. 그리고 석장錫杖을 쥐고 비구들의 맨 앞에 서서 도성으로 들어갔다. 음식을 든 500여 명의 우바새優婆塞들이 뒤를 따랐다. 그는 "나는 공덕이 수승殊勝한 사람이다"라고 스스로 생각했다. 비구와 우바새 등 많은 이들이 자기를 존경한다고 여겼다.

하지만 곧 자신이 아만심我慢心에 사로잡혀 있음을 알았다. "만일 내가 아라한이라면 나와 내 것이란 거만한 생각은 없을 것이다."

우파급다 존자를 다시 찾은 그는 "성인聖人의 도를 얻지 못했습니다"면서 "법을 설하여 주소서"라고 청했다. 이에 우파급다 존자는 법을 설하였는데, 그때 아라한과阿羅漢果를 얻었다.

『아육왕경阿育王經』에 나오는 내용이다. 아만심이나 자만심에 빠지지 말라는 경책이다.

고구려 요동성 탑에서 나온 지팡이

『집신주삼보감통록集神州三寶感通錄』은 중국 후한시대부터 당나라 초기까지 수백 년간 일어난 이적異蹟을 모아 편찬한 책이다. 당唐나라 도선道宣 스님이 지었다. 이 때가 664년이니 1350년이 넘었다. 『삼보감통록』, 『동하삼보감통록』, 『집신주탑사삼보감통록』 모두 같은 책이다.

이 책은 신주神州의 산천에서 일어난 일을 묶었다. 신주는 중국中國의 다른 이름이다. 중국의 고사뿐 아니라 고구려와 관련된 주장자 이야기도 실려 눈길을 끈다. 고려高麗, 즉 고구려 요동성遼東城에 있는 탑에 대한 것이다.

고로古老가 전한 고구려 탑 이야기다. 고로는 '경험이 많고 옛일을 잘 아는 노인'을 지칭한다. 고로에 따르면 "옛날 고구려에 성왕聖王이 나타나 국경 지대를 순행하다 요동성에 이르니 오색 구름이 땅을 덮었다"면서 "곧장 그곳을 찾아가니 구름 속에 석장錫杖을 쥔 한 스님이 있었다"는 것이다. 그런데 스님은 가까이 가면 사라지고, 다시 보면 멀리 서 있었다. 그곳으로 가면 또 다시 사라지고 더 멀리 가 있었다.

그런데 그 (스님) 옆에 흙으로 만든 3층탑이 서 있었다. 윗부분은 솥을 엎어 놓은 것 같았다. 그것이 무언지 몰라 다시 스님을 찾았지만 황량한 풀만 남아 있었다. 고구려 성왕은 병사들에게 그 자리를 파보게 했는데, 주장자와 신발이 나왔다. 그곳을 한 길 정도 파 보니 지팡이와 신발이 나왔다. 성왕은 땅을 더 깊게 파도록 했다. 이번에는 금석金石에 산스크리트어를 새긴 명각銘刻이 나왔다. 신하 가운데 한명이 글씨를 알아보고 "이것은 불탑佛塔입니다" 라고 풀이했다. "한漢나라에 이런 것이 있는데 그 이름을 포도(蒲圖, 부도)라 합니다." 포도는 부도, 즉 부처님이나 스님들의 사리를 모신 탑이다. 신하의 말을 들은 고구려 성왕은 신이神異한 일로 받아들이고, 불심佛心이 일어나 7층으로 목탑木塔을 세웠다. 이후에 불법이 전해지면서 탑의 전말과 유래를 알게 되었다.

지금은 세월이 흘러 목탑은 썩어 허물어져 없어졌다. 요동에 탑을 세운 고구려 성왕은 누구일까? 고구려 제19대 광개토대왕廣開土大王일 가능성이 크다. 국강상광개토경평안호태왕國岡上廣開土境平安好太王 또는 호태왕好太王이라 했다. 영락永樂이란 연호를 사용해 영락대왕永樂大王이라고도 불린 광개토대왕(374년~412, 재위 391~412)은 402년 요하遼河를 건너고, 404년에는 후연을 공격해 국토를 확장했다. 이 과정에서 요동성遼東城을 비롯한 요하 유역을 우리 민족의 영토로 만들었다.

고구려에 불교가 전래 된 것은 제19대 광개토대왕에 앞선 제17대 소수림왕 2년(372) 중국 전진前秦의 왕 부견이 순도順道 화상을 통해 불상과 경전을 보낸 것이 인연이 됐다.

달마대사와 주장자

부처님 가르침을 대륙에 전하고 중국 선종禪宗을 창시한 달마(達摩,達磨, ?~536) 대사는 인도인이다. 산스크리트어로 Bodhidharma 보리달마다. 남인도 향지국香至國 왕자로 부귀영화가 보장되어 있었지만 모든 것을 버리고 출가해 수행자의 길을 걸었다. 달마대사가 불법을 전하기 위해 중국(양나라)에 들어온 것은 보통普通 원년(520) 9월 21일이었다고 전한다. 당시 황제는 무제武帝였다.

달마대사를 그린 그림들은 대부분 짙은 눈썹과 수북한 수염으로 표현했다. 부릅 뜬 두 눈은 크고 매섭다. 또한 나뭇잎을 타고 강을 건너고, 손에는 신 한 짝을 매단 주장자를 쥐고 있는 것이 대부분이다. 주장자는 법法을 상징하고 있으며, 짚신 한 짝은 대사의 열반 후 일화를 상징적으로 표현한 화두이다.

양나라를 건국한 양무제는 모든 면에서 자신만만했다. 자부심을 넘어 자만심이 가득했다고 해야 할 것이다. 중국의 역대 황제 가운데 가장 신심이 깊은 불자로 알려진 양무제는 달마대사를 궁궐로 초대했다. 많은 절을 짓고, 경전을 유포하고, 출가자도 다수 배출한 양무제는 "이러한 복福의 결과가 얼마나 큰지 알려주시오"라고 달마대사에게 질문했다. 천하를 호령하는 황제가 불교를 위해 많은 일을 했으니 마땅히 칭찬할 것이라 여겼다.

하지만 달마대사는 "그것은 공덕이 될 수 없습니다"라고 분명하게 답했다. 양무제는 화가 났다. 대사의 입을 통해 자신의 공덕을 천하에 자랑하고 싶었는데, 오히려 망신을 당하는 상황이 되었기 때문이다.

중국의 설두중현(雪竇重顯, 980~1052) 스님이 100개의 공안을 모은 『벽암록碧巖錄』의 첫 번째에도 달마대사와 양무제가 나눈 대화가 등장한다. 내용은 다음과 같다.

달마대사를 궁궐로 초대한 양무제가 질문을 던졌다. "어떤 것이 불법佛法의 근본이 되는 성스러운 진리입니까?" 달마대사가 답했다. "만법萬法은 텅 비어 있으니 성스러운 것은 없습니다." 성스러운 진리가 없다는 답변에 양무제는 마음이 상했다.

이어진 둘의 대화이다. "지금 나와 마주한 당신은 누구입니까?" "알지 못합니다." 양무제는 달마대사의 말을 이해하지 못했다. 궁궐을 나온 달마대사는 양자강을 건너 위魏나라로 갔다.

훗날 양무제가 그날의 대화를 지공화상誌公和尙에게 전했다. 그러자 지공

화상은 "폐하. 그가 어떤 인물인지 아십니까"라고 물었다. 양무제는 "모르겠습니다"라고 답했다. 그때 지공화상은 "달마는 관음이며, 정법正法을 계승한 인물입니다"라고 했다.

그 말을 듣고 양무제가 깊이 후회해 달마를 다시 모셔오려고 했다. 그러나 지공화상은 "사신을 보낼 필요가 없습니다"라면서 "이 나라의 모든 사람이 가도 대사는 돌아오지 않을 것입니다"라고 말했다.

달마대사는 숭산嵩山 소림사少林寺에서 바깥 출입을 삼가고 9년간 면벽좌선面壁坐禪하며 정진했다. 이를 벽관壁觀 수행이라고 한다. 일체 번뇌가 들어오지 못하게 마음을 집중하는 것이다. 본래 청정한 마음을 깨달아야 한다는 가르침을 제자 혜가(慧可, 487~593)에게 전했다. 혜가는 노장老壯과 유학儒學을 공부하다 출가해 달마대사 회상에서 6년간 수행하고 법을 이었다.

달마대사는 후위 효명제 태화 19년(495) 10월 5일 열반했고, 같은해 12월 28일 웅이산熊耳山에서 장례를 치르고, 정림사定林寺에 탑을 세웠다. 그런데 그로부터 3년 뒤 인도에 사신으로 다녀오던 송운宋雲이 총령(蔥嶺, 파미르 고원)에서 달마대사를 만났다. 신 한 짝을 매단 주장자를 들고 유유히 걸어가고 있었던 것이다. 3년 전에 입적한 달마대사가 분명했다. 깜짝 놀란 송운이 "대사님 어디로 가시는 길입니까"라고 물었다. 달마대사는 "나는 서천西天으로 간다. 그대의 황제는 이미 돌아가셨다"라고 답했다.

중국으로 올 때도, 원적 후 3년 뒤 인도로 갈 때도 달마대사는 주장자를 놓지 않았다. 달마서래의達磨西來意. 과연 무엇인가.

파초 스님의 주장자 법문

『무문관無門關』 제44칙은 '파초주장芭蕉拄杖, 즉 '파초의 주장자'이다. 파초芭蕉는 당나라에 유학 온 삼국시대 스님이다. 파초는 법호, 혜청慧淸이 법명이다. 중국 호북성湖北省 영주郢州 파초산芭蕉山에서 법호를 지었다. 파초 스님의 행장이 자세하게 전하지는 않지만 백제 또는 신라에서 중국에 온 유학승인 것으로 보인다.

스님은 선종 계열의 위앙종潙仰宗 법맥을 이었다. 『경덕전등록景德傳燈錄』에 따르면 파초 스님은 위산영우潙山靈祐, 앙산혜적仰山慧寂, 남탑광용南塔光涌 스님의 후학이다. 흥양청양興陽淸讓 등 4명의 제자를 두었다.

『무문관』에 실린 '파초주장'의 내용은 다음과 같다. 어느날 파초 스님이 대중에게 "그대들에게 주장자가 있으면, 내가 주장자를 줄 것이요. 그대들에게 주장자가 없으면 주장자를 뺏을 것이오"라고 말했다.

임진왜란 당시 나라를 구한 사명대사를 기리는 동상. 육환장을 든 사명대사가 일본을 바라보고 있다. 동국대 중문 앞 장충공원에 있다.

주장자가 있으면 주장자를 주고, 주장자가 없으면 주장자를 뺏는다고 하니 어떤 의미일까? 황당하면서도 말이 안 되는 언어도단言語道斷으로 보인다. 하지만 이 말의 의미는 파초 스님이 대중에게 던진 화두라는 점에 있다.

『무문관』은 중국 송나라 무문혜개無門慧開 스님이 저술한 공안公案 해설집이다. 본래 이름은 『선종무문관禪宗無門關』이다. 무문혜개 스님이 역대 선사의 공안 가운데 48가지를 선별해 평창評唱하고 송頌을 더했다. '파초주장'도 48가지 공안 중 하나다.

'파초주장'에 대해 무문 스님은 "주장자에 의지해 다리가 끊어진 물을 건너고, 주장자를 벗 삼아 달빛이 없는 마을로 돌아간다"면서 "만약 이를 주장자라고 하면 화살처럼 빨리 지옥에 떨어질 것이다"라고 했다.

이어진 무문 스님의 게송이다.

諸方深與淺(제방심여천)

都在掌握中(도재장악중)

撐天并拄地(탱천병주지)

隨處振宗風(수처진종풍)

제방의 깊고 얕음이

모두 이 손에 있구나

하늘과 땅 떠 받치니

어디나 종풍 드날리네

주장자 내려친
마곡 화상

중국 당나라에 마곡보철(麻谷寶徹,?~?) 스님이 있었다. 마조도일(馬祖道一, 709~788) 스님의 법을 이었다. 마곡 스님은 훗날 포주(蒲州, 山西) 마곡산(麻谷山, 麻浴山)에서 선풍禪風을 진작 시켰다. 마곡이란 법호도 마곡산에서 비롯됐다.

마곡수건麻谷手巾, 풍성상주風性常住 등 선가禪家에 일획을 그은 공안公案을 여럿 남겼다. 그 가운데 하나가 주장자가 등장하는 마곡진석麻谷振錫이다. '마곡 스님이 주장자를 떨쳤다'는 의미이다. 『벽암록碧巖錄』에는 '마곡양처진석麻谷兩處振錫'이라 실려 있다. '마곡 스님이 두 곳에서 석장을 떨쳤다' 또는 '마곡 스님이 두 곳에서 주장자를 흔들었다'는 뜻이다.

'마곡양처진석'은 마곡 스님이 장경(章敬, 754~815), 남전南泉 화상을 각각 찾아가 주장자를 흔들어 보인 일화다. 송나라 도언道彥 스님이 부처님 이래 역대

조사의 법맥法脈과 법어法語를 모은 『전등록傳燈錄』과 만송萬松 스님이 1223년에 펴낸 『종용록從容錄』에도 등장한다. 장경 화상과 남전 화상은 모두 마조도일 스님의 제자로 선풍을 진작시킨 선승들이다.

어느날 마곡 스님은 주장자를 짚고 장경 스님이 있는 곳을 찾아가 선상禪床 주위를 세 바퀴 돌았다. 그리고 주장자를 한 번 내리치고 그 자리에 우뚝 섰다. 선상은 선종禪宗에서 스님이 법문을 할 때 앉는 법상法床이다. 장경 스님이 사형師兄이니 마곡 스님의 이러한 행동은 예의에서 벗어난 것이다. 장경스님이 일렀다. "옳다. 옳아"

사형師兄에게 인정 받았다고 생각한 마곡 스님이 이번에는 남전 스님을 찾아갔다. 역시 선상 주변을 세 바퀴 돌고 주장자를 한 번 내리치고 그 자리에 우뚝 섰다. 남전 스님이 일렀다. "옳지 않다. 옳지 않아."

똑 같이 선상을 세 번 돌고 주장자를 내리쳤는데, 장경 화상은 "옳다"고 하고, 남전 화상은 "옳지 않다"고 했다. 마곡 스님이 남전 스님에게 질문했다. "장경 화상은 옳다고 하는데, 스님은 왜 옳지 않다고 하시는 겁니까."

남전 화상이 답했다 "장경 화상이 옳다고 한 것은 옳다. 그러나 그대가 한 짓은 옳지 않다. 그렇게 바람따라 옮겨 다는 것은 끝내 부서지고 무너질 뿐이다."

남전 화상은 사제師弟인 마곡 스님이 더욱 분발하여 탁마琢磨해야 함에도 선기禪機어린 행동을 한 것에 대해 "옳지 않다"고 경책했던 것이다.

연화봉 암주가 주장자를 보인 까닭

『벽암록碧巖錄』에 실린 공안公案 가운데 '연화봉암주蓮花峰庵主 염주장시중운拈拄杖示衆云'이 있다. '연화봉 암주가 대중에게 주장자를 들어 보인다'는 의미로, 줄여서 '연화주장蓮花拄丈'이라고 한다. 연화봉 암주가 누구인지 분명하지 않다. 다만 운문 선사의 법을 이은 도침道琛 화상의 제자인 것으로 추정할 뿐이다.

연화봉 암주가 원적에 드는 날 대중에게 주장자를 보인 후 법을 설했다. "옛날 사람들은 이 안에 이르러도 무슨 이유 때문에 머무는 것을 긍정하지 않는가?" 대중은 아무 말이 없었다. 연화봉 암주가 스스로 대신 말했다. "수행의 길에서 득력得力이 되지 못하기 때문이다." 득력은 깨달아 확실하게 아는 힘이다. 연화봉 암주가 또 다시 말했다. "결국에는 어떻게 해야 하는가." 대중이 답이 없었다. 또 다시 스스로 대신하여 말했다. "주장자 둘러메고 사방 돌아보지 않으며 산 속 깊이 바로 들어간다."

중국 송나라 선승 원오극근(圜悟克勤, 1063~1135) 스님은 『벽암록』 '평창評唱'에서 연화봉 암주에 대해 이렇게 전하고 있다. "(연화봉 암주는) 송나라 건국 무렵 천태산天台山 연화봉에 암자를 세웠다. 도를 구한 뒤에는 띠집이나 석실石室에서 발이 부러진 솥에 나무 뿌리를 삶아 먹으며 지냈다. 명리名利를 따르지 않고 불조佛祖의 은혜에 보답하고 부처님 심인心印을 전하려고 했다. (암주는) 스님이 오기만하면 곧바로 주장자를 들어 '옛날 사람들은 이 안에 이르러도 무슨 이유 때문에 머무는 것을 긍정하지 않는가?'라고 물었다. 20여년간 제대로 대답하는 이가 없었다."

원오극근 스님의 '평창'을 통해 연화봉 암주의 생애를 짐작할 수 있다. 주장자를 들어 보이며 질문을 던진 암주의 뜻은 어디에 있었을까? "주장자 둘러메고 사방 돌아보지 않으며 산 속 깊이 바로 들어간다(橫擔不顧人 直入千峰萬峰去)"는 자운自云에서 길을 찾을 수 있지 않을까.

연화봉 암주가 주석하던 천태산天台山은 중국 3대 명산 가운데 하나로 주봉인 화정봉華頂峰은 1,138m이다. 예로부터 신성한 산으로 여겨 스님들과 도교의 도사道士들이 머물며 수행했다. 3세기 중반 불교 사찰들이 다수 세워졌는데, 6세기 후반 천태지의(天台智顗, 538~598) 대사가 주석하면서 천태산이라 불렀다.

용으로 변한
운문 화상 주장자

중국 당나라의 유명한 선승禪僧인 운문문언雲門文偃 스님. 생몰연대는 '미상~940년' 또는 '864년~949년'로 알려져 있을 뿐 명확하지 않다. 중국 선종禪宗 오가五家의 하나인 운문종雲門宗을 열고 『운문광록雲門廣錄』과 『운문어록雲門語錄』 등을 펴냈다.

운문 스님이 용龍으로 변한 주장자를 들어 설한 법문은 널리 알려져 있다. 『벽암록碧巖錄』 제60칙則에 해당하는 '운문화상의 용으로 변한 주장자(雲門拄杖化爲龍)'이다. 줄여서 '운문화상의 주장자'라고도 한다. 『운문광록』에도 수록된 내용이다.

어느날 운문화상이 주장자를 들어 보이며 대중에게 설했다. "이 주장자가 용으로 변하여 천하를 삼켰으니, 산하대지는 어디에 있는가."

주장자는 비구 18물 가운데 하나로 출가 수행자가 늘 지니는 법구法具이다. 운문 화상은 가장 가까이 있는 주장자를 예로 들어 대중에게 불법의 대의가 어디에 있는지 물었다. 예토穢土와 정토淨土가 둘이 아니고, 성聖과 속俗이 다르지 않음을 강조하는 불교에서 주장자가 용으로 변하고 변하지 않고는 중요한 일은 아니다.

운문화상이 용을 '깨달음의 상징'으로 들어 설명한 것이라면 이해가 가능하다. 즉 불법을 깨닫고 보면 세상은 이전과 같으면서도 다르다. 무명無明에서 바라본 세상이 탐진치 삼독에 빠져 있다면, 이후의 세상은 지혜智慧로 바라보는 광명세계光明世界이기 때문이다. 삼독에서 벗어나니 갈등도 대립도 부질 없는 일이 되는 것이다.

운문화상은 대중에게 용으로 변한 주장자를 보이며 수행정진을 당부한 것이다. 그러나 주장자이든 용이든 사실 큰 차이는 없다. 주장자는 주장자대로, 용은 용대로 깨달음을 이뤄가는 '방편'이기 때문이다. 만법萬法은 일여一如아닌가.

주장자로 조왕 제도한 파조타 화상

파조타破竈墮 화상. 당나라 스님으로 오조홍인五祖弘忍 대사의 제자로 알려져 있다. 파조타라는 특이한 법명은 '조왕단竈王檀'을 주장자로 깨트린데서 유래했다. 조왕단은 부엌의 신神으로 여겨지는 조왕竈王을 모신 단이다.

파조타 화상이 숭악嵩岳에 머물 때의 일이다. 산 중턱에 묘당廟堂이 있었는데, 영검(靈驗, 신령스럽고 기묘한 힘)하기로 유명했다. 묘당 안에는 조왕단이 있었다. 신령스럽다고 소문이 나서 원근遠近에서 찾아오는 이들이 줄을 이었다. 그로 인해 묘당에는 제사가 끊이지 않았고, 부엌에서는 수많은 생명이 죽었다. 제사에 올릴 고기를 잡고 삶는 일이 계속됐던 것이다.

그러던 어느날 파조타 화상이 시자와 같이 묘당 안에 들어가 조왕단 앞에 섰다. 쥐고 있는 주장자로 조왕단을 가리키며 말했다. "그대는 원래 진흙과 기왓장을 합쳐 만들어졌는데, 성스러움은 어디 있고, 영검은 어디서 오기에 이렇게 많은 생명을 죽이고 삶는가?" 다시 주장자로 세 번 부뚜막을 치니 무너져 내렸다.

조금 뒤 높은 관을 쓰고 푸른 옷을 입은 이가 나타나 화상에게 절을 올리며 말했다. "저는 원래 묘당에 있는 조왕입니다. 오랫동안 업보業報를 벗어나지 못했는데, 오늘 스님의 무생법문無生法門을 듣고 굴레에서 벗어나게 되었습니다."

파조타 화상은 "그것은 본래 그대가 지니고 있는 성품"이라면서 "내가 구태여 한 말이 아니다"라고 했다. 그러자 조왕신은 두 번 절을 하고 사라졌다.

훗날 대중들이 "조왕신이 무슨 법을 들어 깨달았습니까"라고 파조타 화상에서 질문했다. 화상은 "다른 도리가 있는 것은 아니다"면서 조왕에게 해준 법문을 반복해 들려 주었다. "그대는 원래 진흙과 기왓장을 합쳐 만들어졌는데, 성스러움은 어디있고, 영검은 어디서 오기에 이렇게 많은 생명을 죽이고 삶는가?"

대중은 화상의 법을 이해하지 못했다. 그러자 화상이 말했다. "그대들은 어찌하여 절을 하지 않는가." 대중이 절을 하니 파조타 화상이 주장자로 그들의 머리를 때리면서 말했다. "부서졌다. 부서졌다. 떨어졌다. 떨어졌다." 이에 대중이 모두 깨달았다.

주장자로 세 번 때린 임제 스님

임제 스님의 『임제록』에는 주장자와 관련된 일화가 여러 편이 있다. 그 가운데 하나가 '도금우到金牛'로 시작하는 '행록'의 스무 번째에 해당하는 '금우 스님을 만나다'이다. 금우金牛 스님은 중국 진주鎭州 금우원金牛院에 주석하는 스님이었다.

어느 날 임제 스님이 금우 스님에게 갔다. 그런데 금우 스님은 임제 스님이 오는 모습을 보고 주장자를 가로 누인 채 문에 걸터 앉았다. 이에 임제 스님이 손으로 주장자를 세 번 두드리고 선방에 들어가 상석上席에 앉았다.

금우 스님이 물었다. "무릇 손님과 주인이 만나면 서로 예의를 갖추어야 하는데, 상좌上座는 어디에서 왔기에 이렇게 무례한 것이오?" 임제 스님이 말했다. "노스님은 도道가 무엇입니까?" 이에 금우 스님이 입을 열고자 했는데,

임제 스님이 그대로 쳤다. 금우 스님이 넘어지려고 하니 임제 스님이 또 다시 쳤다. 금우 스님이 말했다. "오늘은 크게 낭패로다."

위산潙山 스님이 앙산仰山 스님에게 물었다. "두 큰스님 가운데 누가 이기고 누가 졌는가?" 앙산 스님이 답했다. "이겼다고 하면 모두 이겼고, 졌다고 하면 모두 졌습니다."

이 일화에 대해 무비無比 스님은 "(금우 스님이) 주장자를 가로 누인 것은 높고 험준하여 측량할 길이 없는 조사관문祖師關門을 뜻한다"면서 "임제는 그 관문을 주장자를 세 번 쳐 보이는 것으로 넘어 버렸다"고 분석했다.

『임제록臨濟錄』은 중국 당나라 임제의현(臨濟義玄, ?~867) 스님의 가르침을 담았다. 임제 스님 열반 후 제자 삼성혜연(三聖慧然, ?~?) 스님이 은사의 행적을 모아 편집했다. 임제종臨濟宗 뿐 아니라 참선을 근본으로 삼은 납자衲子들의 수행 지침서이다. 본래 명칭은 『진주임제혜조선사어록鎭州臨濟慧照禪師語錄』으로, 줄여서 『임제록』이라 한다.

『임제록』은 상당上堂, 시중示衆, 감변勘辨, 행록行錄, 탑기塔記로 구성되어 있다. 상당은 법당에서 법좌에 올라 하는 설법이며, 시중은 대중에게 가르침을 전하는 법문이다. 감변은 스승과 제자가 문답을 통해 공부를 점검하는 것이고, 행록과 탑기는 행장을 기록하는 것이다.

위산 스님과 앙산 스님은 스승과 제자이다. 위산영우(潙山靈祐, 771~853) 스님의 성은 조씨趙氏이다. 복건성福建省에서 태어났다. 15세에 건선사建善寺 대매법상(大梅法常, 752~839) 스님에게 출가했다. 항주杭州 용흥사龍興寺에서 수행하고, 강서江西로 가서 백장회해(百丈懷海, 749~814) 스님에게 입실入室했다. 위산 스님의 법을 이은 제자가 앙산혜적(仰山慧寂, 803~887)스님이다. 위앙종潙仰宗이라 부르는 이유가 여기에 있다.

위앙종은 당나라 때 형성된 중국 선불교의 선종오가禪宗五家 가운데 하나이다. 임제의현臨濟義玄 스님의 임제종臨濟宗, 동산양개(洞山良价, 807~869) 스님과 조산본적(曹山本寂, 839~901) 스님의 조동종曹洞宗, 운문문언(雲門文偃, ?~949) 스님의 운문종雲門宗, 법안문익(法眼文益, 885~958) 스님의 법안종法眼宗까지 더해 '선종오가(또는 선가오종)'라고 한다.

그 뒤로 임제종에서 분파한 황룡혜남(黃龍慧南, 1002~1069) 스님의 황룡파黃龍派와 양기방회(楊岐方會, 992~1049) 스님의 양기파楊岐派를 더해 '오가칠종五家七宗'이라고 한다.

황벽 선사에게 주장자로 맞은 임제 스님

당나라 시대의 고승高僧 임제의현(臨濟義玄, ? ~867)은 임제종臨濟宗의 시조始祖이다. 황벽희운(黃蘗希運, ?~850)의 법을 이어 중국 선종禪宗 제11대 조사祖師로 선풍禪風을 널리 알렸다.

임제 스님은 산동성山東省 출신이다. 법호인 임제는 스님이 머물던 진주鎭州 임제원臨濟院에서 유래했다. 진주는 지금의 하북성河北省 호타강滹陀江 부근이다.

임제 스님이 어린 나이에 출가해 스승 황벽 선사를 만나 밤을 낮으로 여기고 정진했다. 곁에서 지켜보던 목주睦州 스님이 "그대는 왜 황벽 선사를 만나 불법佛法의 참 뜻을 묻지 않는 것인가"라고 물었다. 임제 스님의 사형師兄인 목주 스님은 수행에 매진하는 사제師弟가 공부의 깊이를 더하길 바랐던 것이다.

스승을 찾아간 임제 스님이 "불법의 참 뜻은 어떤 것입니까?"라고 질문하자, 돌아온 것은 황벽 선사의 주장자였다. 대꾸도 하지 않은 채 주장자로 제자를 내리친 황벽 선사는 아무 말도 하지 않았다. 임제 스님은 발길을 돌릴 수밖에 없었다.

목주 스님은 그 이야기를 전해 듣고 임제 스님에게 "스승의 큰 뜻이 있을 테니, 다시 한 번 찾아가 불법의 참 뜻을 여쭈어 보시게"라고 당부했다. 사형의 간곡한 권유에 임제 스님은 다음날 황벽 선사를 다시 찾아갔다. 상황은 마찬가지였다. 황벽 선사는 주장자로 때릴 뿐 아무 말이 없었다. 세 번째 찾아 갔지만 돌아온 것은 주장자로 실컷 얻어맞는 일이었다.

서운한 마음이 든 것도 사실이었을 것이다. 친절하게 수행을 점검해 주기는 커녕 주장자로 '매질'을 하니 임제 스님은 낙심을 했다. 이제 스승 곁을 떠나 다른 곳으로 가서 공부해야겠다는 생각이 들었다. 그러한 뜻을 비치자 황벽선사는 "고안 대우高安 大愚 스님을 찾아가 보라"고 말했다.

의구심이 들었지만 임제 스님은 대우 스님을 찾아갔다. 황벽 선사 제자임을 안 대우 스님이 "요즘 스승은 어떤 법문을 하시는가"라고 질문했다. 임제 스님은 "불법의 참 뜻을 여쭈었지만 세 번이나 주장자로 실컷 두드려 맞았다"면서 "아무 말씀도 하시지 않으신다"고 넋두리를 늘어 놓았다.

임제 스님 말을 다 듣고 난 대우 스님은 "황벽 선사가 자네를 위해 무척이나 애를 썼는데, 자네는 가르침을 알아듣지 못하고 그저 스승의 잘못 이라고만 생각하고 있구나"라고 경책했다. 이에 임제 스님은 크게 느낀바 있어 혼잣말을 했다. "황벽의 불법이 대단한 줄 알았는데, 그러지 않구만.(元來黃檗佛法無多子)" 이 소리를 들은 대우 스님이 "이제 와서 무슨 큰 소리인가"라고 꾸짖었다. 이에 임제 스님이 대우 스님의 옆구리를 세 번 때렸다. 대우 스님이 말했다. "이보게, 자네 스승은 황벽 선사이지 내가 아니네."

주장자로 오조 법 이은 혜능대사

육조六祖 혜능(慧能, 638~713). 중국 당나라 시대의 선지식이다. 신주(新州, 지금의 광동성)에서 태어나 저자거리에서 나무를 팔다『금강경金剛經』독송을 듣고 발심하여 출가했다.

이후 오조五祖 홍인弘忍 문하에서 정진하다 선법禪法을 물려 받았다. 조계대사曹溪大師 또는 대감선사大鑑禪師라는 시호를 받을 만큼 수행력이 뛰어났다.

하지만 홍인 대사 회상에서 공부할 당시 신분이 미천하고 고향도 변변치 않아 천시 받았다. 근기根機가 뛰어남을 안 홍인 대사도 제자가 주변의 질시를 더 받을 것을 염려하여 일부러 가까이 하지 않았다.

홍인 대사는 자신을 찾아 온 혜능에게 "그대는 깨달음을 구하겠다고 하는데, 어찌 오랑캐인 영남인(혜능의 고향을 지칭)이 깨달아 부처가 될 수 있겠는가"라고 질문을 던졌다. 혜능은 "남쪽과 북쪽이 있기는 하지만 부처님이 될 성품, 즉 불성佛性에 남과 북이 어디 있겠습니까"라고 답했다. 혜능의 자질을 알아본 홍인 대사는 다른 이들의 시기 질투를 염려하여 일부러 크게 꾸짖고 방앗간에서 허드렛일을 하도록 했다. 그러나 혜능도 스승의 뜻을 이심전심以心傳心으로 알았기에 방앗간 일을 하면서도 공부를 게을리 하지 않았다.

그러던 어느날 홍인대사는 대중을 모아 놓고 법을 전수받을 육조六祖가 되기 위한 화두를 던졌다. "세상 사람들은 삶과 죽음이 큰 일이건만, 대중은 복福만 찾고 생사의 고통에서 벗어나는 진리는 구하지 않는다. 스스로 지혜를 찾아 그 마음을 담은 게송으로 가져 오라. 그에게 법을 전하여 육조로 삼을 것이다."

그때까지 대중은 당연히 신수(神秀, 606~706) 스님이 법을 이을 것으로 여겼다. 훗날 대통선사大通禪師로 불린 신수 스님은 중국 북종선北宗禪을 대표하는 수행자다. 하남성의 부유한 집에서 태어나 13세에 출가해 각지의 수행처를 돌며 공부했다. 46세에 홍인대사 회상에서 각별한 지도를 받았다. 오조 홍인대사의 법을 이은 육조는 신수 스님이 될 것이라고 많은 이들이 생각했다.

신수 스님은 홍인대사 게송에 대한 답을 적어 대중이 오가는 복도에 붙였다. "身是菩提樹(신시보리수) 心如明鏡臺(심여명경대) 時時勤拂拭(시시근불식) 勿使惹塵埃(물사약진애)" "몸은 깨달음의 나무요, 마음은 밝은 거울이네, 언제나 부지런히 털고 닦아, 티끌 먼지 묻지 않도록 하라."

이름을 쓰지는 않았지만 누구나 신수 스님 게송이라고 여겼다. 홍인 대사도 게송을 봤지만 흡족하지는 않았다. 깊이가 있는 게송이지만 진리를 깨닫기에는 부족하다고 생각했다. 그러나 대중에게는 그 게송을 읊고 정진하라고 당부했다. 글을 모르는 혜능은 방앗간에서 일을 하다 한 사미승이 외우는 그 게송을 들었다. 역시 무언가 미흡하다는 생각을 가졌다.

그날 밤 혜능은 글을 쓰고 읽을 줄 아는 동자에게 자신이 말하는 게송을 적어 복도에 붙여달라고 부탁했다. "菩提本無樹(보리본무수) 明鏡亦非臺(명경역비대) 本來無一物(본래무일물) 何處有塵擬(하처유진애) 깨달음에는 본래 나무가 없고, 밝은 거울 또한 받침대가 없네, 본래부터 한 물건도 없으니, 어디에 티끌과 먼지가 있겠는가"

다음날 게송을 본 홍인대사가 방앗간을 찾아갔다. 방아를 찧는 혜능에게 홍인 대사가 "쌀을 얼마나 찧었는가"라고 물었다. 혜능은 "쌀을 찧은지 오래지만, 아직 키질을 하지 못했습니다"라고 답했다.

혜능의 답을 들은 직후 홍인대사는 아무 말도 하지 않고 들고 있던 주장자로 방아를 세 번 내리치고 방앗간을 나섰다. 뜻을 알아챈 혜능은 삼경三更에 스승의 방을 찾아갔다. 오조홍인 대사는 혜능에게 "이제 그대가 육조가 되었다"면서 "불법佛法을 두호(斗護, 두둔하고 보호함)하여 중생을 이롭게 하라"고 당부했다.

주장자로 샘물 찾은 혜능대사

조계曹溪. 중국 광둥성 샤오관시(韶關市) 취장현에 자리한 남화선사南華禪寺에 걸린 편액이다. 본래 양나라 무제가 하사한 보림사寶林寺라는 이름을 사용했는데, 송나라 태조가 남화선사라고 하면서 사명寺名이 바뀌었다.

남화선사는 육조 혜능(六祖慧能, 638~713) 대사가 30여년간 주석하며 남종선법南宗禪法을 널리 전한 시원지이며, 대한불교조계종大韓佛敎曹溪宗 법맥法脈이 발원한 도량이다. 육조도량六祖道場이라 불리는 까닭도 혜능 스님 때문이다.

남화선사 앞을 흐르는 작은 시내 이름이 조계曹溪이며, 산 이름도 조계산曹溪山이다. 보림산寶林山이라고도 불린다. 조曺씨들이 오래전부터 모여 살았고, 시내가 흘러, '조씨 집성촌의 시내'라는 뜻에서 '조계'라는 명칭이 생겼다. 그런데 혜능 스님이 주석하면서 법을 전해, '조계'는 혜능 스님의 가르침을 상징하는 단어로도 사용된다.

남화선사에는 한국불교에 큰 영향을 끼친 혜능 스님의 자취가 많이 남아 있다. 조전祖殿에 모신 혜능 스님 진신상眞身像이 대표적이다. 앉은 채로 열반한 좌탈입망坐脫立亡 그대로다. 가부좌를 하고 약간 앞으로 구부린 모습은 삶과 죽음의 경계에 끄달리지 않고 정진한 수행자에게 저절로 합장하게 한다. 왼쪽과 오른쪽에는 명나라 고승 감청화상憨清和尚과 단전화상丹田和尚 진신상이 모셔져 있다. 신라 출신의 구화산 김교각金喬覺 스님 진신상과 더불어 중국 4대 등신불상等身佛像이다.

이밖에도 남화사는 스님 입적 5년 뒤에 세운 30m 높이의 영조탑靈照塔, 행자시절 방아를 찧을 때 사용한 추요석墜腰石, 스님이 직접 신었던 노란색 버선袜子, 당나라 여황제 측천무후測天武后가 선물한 백팔염주와 도장을 보관하고 있다. 혜능 스님 유품을 모은 건물인 장경각藏經閣도 남화사에 있다.

남화선사 뒤편으로 가면 탁석천卓錫泉이란 샘이 있다. 사찰 대중이 물이 모자라 어려움을 겪고 있었는데, 혜능 스님이 주장자로 땅을 찍어 발견한 샘이라는 설화가 전해온다. 주장자를 땅에 꽂아 두자 물이 솟았다는 이야기도 전한다. 물이 깨끗하고 맑으며, 마치 신룡神龍이 물을 토하는 듯 수량이 풍부했다고 한다. 샘이 솟아나는 근원인 천원泉源이 아홉 곳이나 되어 구룡천九龍泉이라고도 불린다. 탁석천 주위에는 혜능 스님 가르침을 모은 『육조단경六祖壇經』을 대리석에 새겨 붙여 놓았다. 『육조단경』은 조사祖師 어록 가운데 유일하게 '경經'으로 불린다.

육조 혜능 스님이 주장자로 땅을 찍어 발견한 탁석천卓錫泉.
좌우에는 '육조단경'을 새긴 대리석들이 있다.
사진. 마야투어

주장자 타고 다니는 은봉 스님

중국 당나라에 은봉隱峰 스님이 있었다. 스님은 생전에 많은 이적異蹟을 보였다. 심지어 물구나무 선채로 입적하기도 했다. 복건성福建省 소무邵武 출신으로 성姓은 등씨鄧氏이다. 그래서 등은봉鄧隱峰이라 했다. 어려서 지혜롭지 못했지만, 출가후 마조馬祖와 석두石頭 스님 회상에서 정진하며 수행자로 존경받았다.

흔히 스님들이 오고 가는 것을 비석飛錫이라고 표현하는데, 은봉비석隱峰飛錫의 준말이다. 은봉 스님 일화에서 유래했다. 은봉 스님이 오대산五台山으로 가는 길에 관군과 도적이 싸우고 있어, 이를 피하기 위해 공중에 던진 석장錫杖을 타고 갔다는 이야기에서 비롯됐다. 『고승전高僧傳』과 『석씨요람釋氏要覽』에 실려 있다.

오대五台에 머물 때 회서(淮西, 안후이성 북부)에 나와 석장을 던지고 하늘로 날아갔다는 이야기도 전한다. 당나라 헌종 원화 12년(817) 은봉 스님이 오대산 가는 길에 채주蔡州를 지나는데, 회서 절도사 오원제吳元濟가 난을 일으켜 관군과 싸우고 있었다. 관권과 반란군이 치열한 전투에도 승부를 가리지 못했다. 이때 은봉 스님은 "내가 가서 그 일을 해결하겠다"며 허공으로 던진 주장자에 올라 탔다. 이를 본 양쪽 군사들이 깜짝 놀라 하늘을 쳐다보며 탄복했다. 전투하려는 마음까지 사라졌다. 이적을 보인 스님은 오히려 사람들을 미혹迷惑시킬까 염려하여 오대산으로 들어갔다.

'스님이 머물 곳을 얻는 것'도 비석이라고 표현한다. 중국 동진東晋에서 가장 뛰어난 문장가인 손작(孫綽, 314~371)이 지은 『유천태산부遊天台山賦』에 실린 응진비석이섭허應眞飛錫以躡虛에 뿌리를 두고 있다. 응진은 나한이다. "나한이 석장을 날려 몸을 싣고 허공을 밟고 다닌다"는 의미이다. 나한의 이동수단이 석장이었던 것이다.

서천(西天, 인도)의 도력道力 높은 스님이 석장錫杖을 날려 오갔다는 의미의 '비석나한飛錫羅漢'도 있다. 앞서 밝힌대로 중국의 고승高僧 은봉 스님이 회서淮西에 나와 석장을 던지고 공중으로 날아갔으며, 『삼국유사三國遺事』에는 신라 시대 양지良志 스님이 던진 석장이 시주자의 집 앞에 머물러 소리를 냈다고 한다. 시주물을 석장에 걸어주면 다시 절로 돌아왔으니 신이神異한 일이다. 양지 스님이 주석하던 절은 석장사錫杖寺로 지금은 터만 남았고, 인근에 동국대 경주캠퍼스가 있다.

비석과 관련된 또 하나의 이야기는 양나라 무제武帝 때의 일이다. 양무제가 독실한 불자였지만, 그때까지 영향력이 컸던 도교道敎의 저항이 만만치 않았다. 어느날 도량道場 한 곳을 두고 불교의 스님과 도교의 도사道士 사이에 다툼이 생겼다. 서로 양보하지 않자, 무제가 제안을 했다. "그 도량에 먼저 도착하는 이가 도량을 차지하시오." 말이 떨어지자 마자 도사는 백학白鶴으로 변해 날아가 도량 근처 나무 꼭대기에 앉았다. 아무리 봐도 스님이 오지 않았다. 여유를 부리고 있던 그때 어디선가 지팡이가 하나 날아왔다. 나무 근처에 온 지팡이는 갑자기 요란한 소리를 냈다. 깜짝 놀란 백학은 멀리 도망가고 말았다. 그 지팡이는 스님이 던진 석장이었다. 그 후로 스님이 도량이 머물게 되었다. 이 일화를 '비석자능선야학飛錫自能先野鶴'이라고 한다.

한편 은봉 스님은 오대산 금강굴 앞에서 물구나무를 선 채로 열반에 들었다. 스님의 옷자락도 아래로 처지지 않았다. 다른 스님들이 은봉 스님의 몸을 누여보려고 했지만 꼼짝도 하지 않았다. 몸을 눕혀 다비(화장)를 해야 하는데 난감한 일이 아닐 수 없었다. 스님의 이적異蹟은 입적入寂하는 순간까지 이어진 것이다. 속가 여동생인 비구니 스님이 소식을 듣고 달려왔다. 비구니 스님은 큰 소리로 "오라버니老兄는 살아서도 법을 안 지키더니 죽어서도 사람을 속이는구려"라며 손으로 슬쩍 밀었다. 그러자 물구나무 선채로 있던 은봉 스님의 몸이 쓰러졌다. 문도들이 수습해 아무 탈 없이 다비를 치르고 사리는 탑塔에 모셨다.

비석과 같은 의미로 부배浮盃도 있다. 부배도浮盃渡의 준말로 스님이 물에 띄워 놓은 잔을 타고 바다나 강을 건너가는 데서 유래했다. 사람들은 그 스님을 배도화상盃渡和尙이라 불렀다. 부배와 비석을 합쳐 '부배비석浮盃飛錫'이라고 하는데, 스님들의 출행出行을 상징적으로 표현한다.

구하스님 _ 일제강점기 불교 부흥을 위해 진력한 구하 스님. 통도사 사격을 일신하고 비밀리에 임시정부와 독립지사들에게 자금을 전달했다. 월하 스님을 비롯한 30여 명의 제자를 두었다.

주장자拄杖子 >> 4부.

설화에 나오는 주장자

서라벌 하늘 날아다닌 양지 스님 주장자

신라시대 선덕여왕 때의 일이다. 우리나라 최초의 여왕인 선덕여왕은 632년부터 647년까지 15년간 왕위에 있었다. 자장율사(慈藏律師, 590~658)가 당나라 유학을 다녀오고, 수도 서라벌에 황룡사 9층목탑과 분황사가 건립되는 등 불교문화가 꽃을 활짝 피우고 있었다.

이 무렵 서라벌에는 석장사錫杖寺라는 절이 있었다. 절 이름은 양지良志 스님의 주장자(석장)에서 비롯됐다. 석장 끝에 자루를 걸어 놓으면 저절로 날아 다니며 시주를 받아오는 신기한 일이 벌어졌다. 자루 달린 석장이 서라벌 곳곳을 날아 다니다 시주 할 형편이 될만한 집 앞에 이르면 소리를 냈다. 석장이 도착했음을 알린 것이다. 그 소리를 듣고 나온 사람들이 석장에 달린 자루에 시주물을 넣었다. 자루를 가득 채운 석장은 다시 절로 돌아와 양지 스님 앞에 멈추었다. 신기한 일을 목도한 백성들 사이에서는 양지 스님이 머무는 절을 석장사라 부르게 됐다.

이 설화는 일연 스님이 저술한 『삼국유사三國遺事』 제4권 '의해義解' 편에 나온다. 단락 제목은 '양지 스님이 석장을 부린다'는 의미의 '양지사석良志使錫'이다. "양지 스님의 조상이나 고향을 알 수 없고, 선덕왕(여왕)때의 행적만 드러날 뿐"이라고 『삼국유사』는 기록하고 있다.

이외에도 『삼국유사』에는 양지 스님이 영묘사靈廟寺 장륙삼존상, 천왕상, 현판, 전각, 기와를 비롯해 천왕사天王寺 팔부신장八部神將, 법림사法林寺 주불삼존, 현판, 좌우 금강신을 조성했다고 전한다. 팔방미인八方美人처럼 다재다능한 스님이었던 것 같다. 불상은 물론 천왕상, 팔부신장, 금강신을 조성하는 불모佛母이며 장인匠人이었다. 현판을 썼으니 붓글씨에도 조예가 깊었음을 짐작할 수 있다. 직접 탁발하지 못하고 석장을 날려 시주를 받을 만큼 바빴던 스님이었나 보다.

양지 스님 법명에서 '양'은 '어질다, 아름답다, 경사스럽다', '지'는 '뜻, 마음, 희망' 등의 의미가 있다. 그러니 어진 뜻이나 마음, 아름다운 마음이나 희망 등의 우리말로 옮기는 것이 가능하다.

일연 스님은 『삼국유사』에서 "능히 재주가 많고 덕을 충분히 갖추었지만 하찮은 재주에 능력을 숨긴 이(師可謂才全德充而以大方隱於末技者也)"라고 양지스님을 평하면서 찬讚을 지었다. 『삼국유사』 '양지사석' 편 말미에 나온다.

齋罷堂前錫杖閑(재파당전석장한)

靜裝爐鴨自焚檀(정장노압자분단)

殘經讀了無餘事(잔경독료무여사)

聊塑圓容合掌看(료소원용합장간)

재를 마치니 법당 앞 석장 한가롭고

고요히 앉아 향로에 향불을 피우네

경전 모두 독송하니 할 일이 없구나

부처님께 의지해 두손 모아 합장하네

천년 신라의 영광을 누렸던 서라벌은 지금의 경주이다. 경주시에는 석장사지錫杖寺址가 있다. 『삼국유사』에 나오는 양지 스님이 머물던 그 절이다. 본래 월성군 현곡면 석장리였는데, 지금은 경주시 석장동이다. 1914년 행정구역을 개편할 때 현곡면 석장리와 부내면 성서리를 합쳐 금장리金丈里라고 했다. 석장사지가 있던 곳은 금장2리에 속했는데 1987년 경주시로 편입되면서 석장동으로 바뀌었다. 동국대 경주캠퍼스가 자리한 곳이 석장동이니 불연佛緣이 깊은 땅이다.

나한 머리를 때린 진묵대사

주장자와 석장은 고승의 필수품이다. 그런 까닭에 옛날 큰스님들이 주장자와 관련 있는 이야기들이 한 두가지 쯤은 있다. 특히 조선 인조 무렵의 진묵대사(震默大師, 1562~1633)는 크고 작은 신기한 행적을 남겼는데, 그 가운데 주장자로 나한의 머리를 때린 일화가 유명하다. 부처님의 소화신小化身으로 불릴 만큼 도력道力이 뛰어난 진묵대사는 자유자재로 신통력을 부리며 남긴 이적異蹟이 많다.

진묵 스님이 봉서사鳳棲寺에 있을 때의 일이다. 전북 완주군 용진읍 간중리의 종남산終南山과 서방산西方山 사이에 자리한 봉서사는 신라 성덕왕 26년(727)에 창건된 고찰古刹이다. 고려 공민왕 무렵 나옹懶翁 스님이 중창했다. 진묵 스님은 이 사찰에 주석하며 '전국승려대조사全國僧侶大祖師'로 추앙 받았다.

어느날 마을 관아에 있는 이방吏房이 스님을 찾아와 고민을 털어놓았다. 이방은 "그동안 관아의 재산 수백 냥을 축냈다"면서 "그 일이 들통 나면 목숨을 부지하기 어렵다"고 사색이 되어 도움을 청했다. 가만히 듣고 있던 진묵 스님은 "그러면 어찌하려고 하느냐"고 물었다. 이방은 "마땅한 방도가 없으니 사실이 드러나기 전에 도망가려 한다"고 답했다.

스님은 이방에게 "도망간들 뒤쫓아온 포졸들에게 잡히거나 아니면 영영 숨어 살아야 한다"면서 "더구나 관아의 재산은 반드시 메꾸어 놓아야 할 것"이라고 질책했다. 진묵 스님은 아전에게 나한재羅漢齋를 권했다. 나한기도를 하라는 것이었다.

물에 빠진 사람이 지푸라기라도 잡는 심정으로 이방은 스님 권유에 따라 나한재를 지냈다. 재가 끝난 후 스님은 이방에게 "지금 아전衙前 가운데 비어 있는 자리가 있으니, 사또에게 그 자리를 자청해서 맡겠다고 하라"고 했다. 마침 관아에는 이방, 호방, 예방, 병방, 형방, 공방 가운데 형방刑房이 비어 있었다. 육방 가운데 으뜸인 이방을 관두고 형방을 맡으라니 의아했다. 하지만 스님 말대로 사또에게 청해 이방을 내 놓고 형방이 됐다.

형방이 되고 보니 고을에 크고 작은 사건이 잇따라 죄인들이 많이 생겼다. 형방은 형벌에 관한 형전관계刑典關係 실무를 담당하는 자리다. 일이 폭주했지만, 그만큼 그의 주머니는 넉넉해 졌다. 죄를 경감해달라는 부탁을 비롯해 감옥에 갇힌 지인을 돌봐달라는 청탁이 줄을 이었기 때문이다. 한달만에 그동안 축낸 수백냥의 관재官財를 메꾸어 놓을 수 있었다. 자칫 큰 처벌을 받거나 도망가서 평생 숨어 살아야 했는데, 그 길을 면하게 된 것이다.

형방이 된 이방은 마음이 기뻤지만, 불과 한달 만에 관재를 채우게 된 것이 의아했다. 꿈에 나한들이 나타나 말했다. "자네가 이루고자 하는 일을 어찌 진묵 대사에게 직접 말하여 우리를 괴롭히는가? 다음부터는 우리에게 직접 말하도록 하라." 깜짝 놀라 꿈에서 깨어났다. 관재를 채운 뒤에는 더 이상 형방에게 청탁하는 사람이 없었다.

자초지종은 이렇다. 앞서 이방의 고민을 들은 진묵 스님이 나한들의 머리를 주장자로 때리면서 "이방의 일을 잘 봐주라"고 했던 것이다. 그 뒤로 이방은 관청 재산에 손을 대지 않고, 맡은 바 일을 열심히 하면서 살았다고 한다.

진묵 대사가 나한을 경책한 일화는 또 있다. 어느날 사미승沙彌僧을 반나 길을 가고 있었다. 어느 강가에 이르러 사미승이 "물의 깊이를 알아야 하니 제가 먼저 건너겠습니다"라고 했다. 사미승은 바지를 조금만 걷고 강을 건널 수 있었다. 뒤이어 진묵 대사가 건너는데 물이 깊어 그만 강에 빠지고 말았다. 대사는 나한이 사미승으로 변해 장난친 것임을 알았다. 스님은 이렇게 말했다. "나한의 작은 신통은 나보다 낫지만, 대도大道는 늙은 나에게 물어 봐야 할 것이다."

진묵대사는 조선 명종과 인조 무렵의 고승이다. 조선 후기 전북 김제에서 태어났다. 성姓은 알려져 있지 않고, 세간의 이름은 일옥一玉이다. 어려서 부모를 잃고 7세에 봉서사鳳棲寺로 출가해 청허휴정(淸虛休靜, 1520~1604) 스님의 문도가 됐다. 존경하고 따르는 이들이 많았다. 진묵 스님 행적은 초의(草衣, 1786~1866) 선사가 『진묵조사유적고震默祖師遺蹟攷』를 낸 이후 여러 권의 책에 실렸다.

경봉스님 _ 1907년 출가해 참선수행과 전법으로 대중을 인도한 경봉 스님. 일제강점기 조선불교중앙선리참구원 이사장과 통도사 주지를 거쳐 극락암 호국선원 조실로 납자를 인도했다.

도선국사가 주장자로 새긴 마애불

서울을 대표하는 사찰을 꼽으라면 도심에 있는 조계사와 강남의 봉은사, 그리고 강북의 도선사이다. 서울 3대 사찰 가운데 한 곳인 도선사는 신라 경문왕 2년(862) 도선국사(道詵國師, 827~ 898)가 창건해 1100년이 넘는 오랜 세월을 간직한 명찰名刹이다.

삼각산三角山이라 불리는 북한산北漢山에 자리한 도선사는 창건 당시 도선국사가 "산의 형세가 1000년 뒤 말법시대末法時代에 불법佛法을 다시 일으켜 세울 만한 곳"이라고 예견했다. 삼각산 주봉인 백운대, 만경봉, 인수봉이 외호하고 있으니 풍수에 밝지 않아도 도선사 자리가 명당임을 단박에 알 수 있다.

도선사는 청담(青潭, 1902~1971) 스님이 주석하면서 지금의 도량으로 사격寺格을 일신했다. 법회가 있는 날은 물론 평상시에도 참배객들의 발길이 이어지

도선국사가 1100여년전 도선사를 창건할 당시 주장자로 새겼다는 설화를 간직한 마애불

니 도선국사 예언이 그대로 들어 맞았다고 해도 지나친 말이 아니다.

도선사가 서울은 물론 전국적인 기도도량이 된 이유 가운데 하나는 경내에 있는 마애불입상磨崖佛立像 때문이다. 마애불이란 바위에 새긴 부처님이다. 도선사 마애불입상은 영험이 뛰어나 지극한 마음으로 기원하면 반드시 소원을 이룬다고 한다. 대웅전 옆 석불전에 자리한 마애불입상 앞에는 사시사철 낮밤을 가리지 않고 기도객들이 이어진다. 마애불 앞에는 예경할 수 있는 공간이 넓다. 하지만 빈자리를 찾기는 어렵다. 조선 후기에 조성된 것으로 보이는 칠층석탑과 석등이 마애여래불을 외호하고 있다.

도선사 마애불입상은 도선국사가 삼각산의 큰 바위를 반으로 잘라 한쪽 면에다 주장자로 새긴 것이라는 전설이 전해온다. 20m 가량의 커다란 바위 면에 여래상如來像을 얕게 돋을새김했다. 신기하게도 정釘으로 쪼은 흔적이 전혀 없다. 웅장한 법체法體에 온화한 미소가 조화를 이뤄 중생구제의 원력을 지닌 부처님을 친견하는 듯 하다. 넓은 콧등, 둥근 콧볼, 작은 입, 그리고 수염이 이웃처럼 다정하게 다가온다.

마애불을 새긴 석벽石壁 윗부분에는 보개寶蓋를 조성하려고 암벽을 파내고 직사각형의 석재를 일곱 개 끼웠다. 주변에 청동으로 보호각도 설치했다. 일제강점기 촬영한 사진과 비교하면 청동보호각과 공양을 올리는 구조물, 보개 역할을 하는 석재 일부는 근대 들어 보수한 것으로 보인다. 1977년 9월 서울특별시 유형문화재 제34호로 지정됐다.

도선사 마애불이 어떤 부처님인지 명확하지는 않다. 서울시도 무형문화재로 지정하면서 '도선사 석불石佛'이라고 했다. 도선국사가 주장자로 관세음보살을 새긴 것이라는 전설이 전한다. 도선사 마애불은 오른손은 올리고 왼손은 아래를 향한 시무외인施無畏印과 비슷한 수인手印을 하고 있다. 부처님이 중생의 두려움을 없애준다는 의미의 시무외인이 대부분 아래로 내린 왼손의 손바닥이 밖으로 향하는데, 도선사 마애불은 왼손의 손가락을 조금 오므리고 있다.

전문가들은 마애불입상의 조성 양식을 신라말기 보다는 고려말 또는 조선 전기로 보고 있다. 그러나 도선사 마애불에 간절한 기도를 올린 민초들은 도력道力이 높았던 도선국사의 자취를 느끼고 싶었을 것이다. 그런 까닭에 도선국사가 주장자로 마애불을 새겼다는 설화가 생겨 지금에 이르고 있는 것으로 보인다.

주장자로 호랑이 설복한 청민 스님

아름다운 절로 유명한 내소사來蘇寺. 전북 부안군 진서면 석포리 변산반도 남단에 자리하고 있다. 신라 선덕여왕 2년(633) 혜구惠丘 스님이 창건했다고 전하는 고찰古刹이다. 이 때는 백제 무왕 34년 이었다. 혜구 스님은 신라인보다는 백제인이었을 가능성이 크다. 훗날 삼국을 통일한 신라가 자신들의 인연으로 포장했을 것으로 추정된다.

본래 절 이름이 소래사蘇來寺 였는데, 백제를 멸망 시킨 당나라 장수 소정방蘇定方을 기념해 내소사로 바꿨다는 이야기가 있지만 근거는 희박하다. 오히려 고려 고종 41년(1254)경에 나온 『보한집補閑集』과 고려시대 이규보(李奎報, 1168~1241)가 지은 『남행일월록南行日月錄』, 조선 성종 12년(1481년)에 발간된 『동국여지승람東國輿地勝覽』에는 모두 '소래사'로 기록돼 있다. 소정방 때문에 내소사로 사명寺名을 바꾸었다는 것은 설득력이 떨어진다.

오랜 세월 사사寺史를 이어온 내소사는 임진왜란 당시 전각 대부분이 불타는 아픔을 겪었다. 지금의 아름다운 도량이 되도록 초석을 놓은 것은 조선 인조 시절 청민青旻 선사禪師가 중창하면서다. 청민 스님은 인조 11년(1633) 웅장하면서도 소박하고 친근한 대웅보전을 중건했다. 내소사를 대표하는 대웅보전의 꽃살문도 이때 조성된 것으로 보인다. 대웅보전은 보물 291호로 지정돼 있다.

청민 스님이 대웅보전을 중건할 당시 전해오는 설화에 주장자가 등장한다. 임진왜란으로 불 타버린 법당을 볼 때 마다 청민 스님의 마음은 아팠다. 지중한 부처님 은혜를 생각하면 하루라도 빨리 법당을 다시 세우고 싶었다. 하지만 전란 후의 절집 상황과 백성들의 여건을 고려할 때 하루 이틀에 이뤄질 불사가 아니었다. 더구나 법당을 직접 지을 목수木手를 구하는 일이 하늘에 별따기처럼 어려웠다. 몇몇 목수에게 전갈을 넣었지만 함흥차사咸興差使였다.

황폐해진 도량에는 산짐승들이 자기 집처럼 드나들었다. 청민 스님을 비롯한 몇몇 스님이 절을 지켰지만 짐승들의 기세가 보통이 아니었다. 살생을 할 수 없기에 청민 스님은 주장자를 들어 접근을 막고 쫓아낼 뿐이었다.

그러던 어느날 주춧돌 위에 앉아 있는 청민 스님에게 한 젊은 스님이 말을 건넸다. "큰스님 이제 요사寮舍로 들어가 쉬십시오. 목수가 언제 올지도 모르는데 하염없이 기다리실 필요가 있으신가요."

청민 스님은 아무 답도 하지 않았다. 젊은 스님이 말을 이었다. "큰스님, 내일은 제가 직접 마을에 가서 경험이 부족한 목수라도 구해 오겠습니다."

이야기를 듣고 있던 청민 스님이 말문을 열었다. "내가 목수를 기다리는 것은 사실이지만, 매일 여기에 나와 있는 것은 백호혈白虎穴을 지키기 위해서다." 그 말이 떨어지자 마자 늙은 호랑이 한 마리가 스님 앞에 나타나 포효咆哮했다. "으르릉 으르릉" 호랑이의 눈빛이 빨갛게 이글거렸다.

금세 스님을 해칠 기세였다. 깜짝 놀란 젊은 스님은 간이 콩알만해지고 몸까지 얼어붙어 한발자욱도 움직일 수 없었다. 그러나 청민 스님은 아무렇지 않은 듯 태연한 표정으로 호랑이를 바라봤다. 이어 주장자를 휘저으며 앞으로 나갔다. 호랑이는 뒤로 물러서지 않고 마치 스님을 삼키려는 듯 입을 크게 벌리고 울부짖었다.

청민 스님은 호랑이를 보고 달래듯 말했다. "어허, 아니된다니까. 부처님을 모신 대웅보전을 짓기 전 까지는 안 된다." 이어 주장자를 높이 들어 옆에 있는 소나무의 중간 부분을 힘껏 내리 쳤다. 그 소리를 듣고 놀란 호랑이는 어디론가 사라졌다.

마침 그날 저녁 찾아온 목수가 3년간 목침木枕을 만들고 다듬어 법당 짓기에 나섰다. 수백 개에 이르는 목침으로 법당을 짓는데, 젊은 스님이 목침 하나를 숨겨, 지금도 포包 하나가 모자란다고 한다.

법당을 완성 한 후 화공畵工에게 단청丹靑을 하도록 했다. 청민 스님은 단청이 끝날 때까지 법당 안을 들여다 봐서는 안 된다고 대중에게 당부했다. 청민 스님이나 목수가 교대로 법당 앞을 지켰다. 두 달 넘게 밖으로 나오지 않고 화공이 단청을 하자 모두 궁금했다. 어느 날 한 스님이 법당을 지키는 목수에게 "큰스님이 찾으신다"고 거짓으로 알리고 자리를 비우게 하고는 문틈으로 법당 안을 봤다. 그런데 화공은 없고 작은 새가 붓을 입에 물고, 날개에 물감을 묻혀 그림을 그리고 있었다. 그 스님은 궁금증이 발동해 법당 문을 살짝 열고 들어갔다.

그 순간 갑자기 호랑이 포효가 들리며 새는 날아가고 말았다. 깜짝 놀라 정신을 잃었다 깨어난 스님은 법당 앞에 죽어 있는 커다란 호랑이에게 청민 스님이 법을 설하는 내용을 들었다. "대호선사大虎禪師여, 삶과 죽음이 둘이 아니지만 그대는 지금 어느 곳에 있는가. 선사가 세운 대웅보전의 법연法緣은 길이 이어질 것이네."

태조 이성계가 본 부처님 주장자

조선을 건국한 태조太祖 이성계(李成桂, 1335~1408)는 고려를 멸하고 새로운 왕조를 열었지만 마음을 억누르는 무게를 감당하기 어려웠다. 나라를 세우는 과정에서 많은 사람의 목숨을 빼앗았기 때문이다. 무학(無學, 1327~1405) 대사를 스승으로 모실 만큼 불심佛心이 깊은 이성계는 살생죄를 범한 잘못을 이겨내기 힘들었다.

그런 이유 때문에 태조는 전국 명산대찰名山大刹에서 숨진 이들의 영가를 천도하는 기도를 꾸준히 했다. 정권을 잡는 과정에서 저지른 살생의 중죄重罪를 씻고 싶었던 것이다.

한번은 전라도에 있는 무등산無等山에 가서 천도재를 지내게 되었다. 광주, 담양, 화순에 걸쳐 있는 무등산은 말 그대로 '차등(차별)이 없는 산'이란 의미로 불교의 평등平等 가르침과 맥을 같이한다. 예로부터 108나한이 상주하는 것은 물론 크고 작은 암자가 많아 산신山神들이 나한에게 공양을 올린다는 이야기가 전해오는 산이다.

태조 이성계도 이같은 이야기를 듣고 "영험한 곳이니, 마땅히 직접 가서 기도해야 겠다"며 무등산을 찾았다. 그러나 3,7일 즉 21일 기도를 드렸지만 마음이 편안해지지 않았다. 불편한 기색을 곁에서 바라본 시랑侍郎이 이성계에게 아뢰었다. "전하, 전하는 바에 따르면 바로 이곳 무등산에서 석가여래 부처님께서 법을 설했고, 그 이후로도 제불보살諸佛菩薩이 설법을 이어오고 있다고 하옵니다. 3,7일 기도를 끝내셨지만, 이번에는 3일 기도를 올리심이 좋을 듯 하옵니다."

시랑의 이야기를 듣고 난 이성계는 "무학대사가 무등이 곧 보살이라고 했다"면서 "내 다시 3일 기도를 하겠다"고 말했다. 3일 기도를 앞두고 잠자리에 들었지만 쉽게 잠이 오지 않았다. 비몽사몽간에 조선 건국 과정에서 목숨을 잃은 이들이 나타나 손가락질 하며 저주에 찬 소리를 쏟아 부었다. "너는 죄 없는 사람들의 목숨을 빼앗은 살인자이다." "너는 나라를 지키고 충성을 다해야 하는 군인임에도 고려와 국왕을 배신한 반역자이다." "너의 말로가 좋지 않을 것이다."

악몽惡夢이었다. 식은 땀으로 온 몸이 젖었다. 깜짝 놀라 달려온 시랑이 침상 곁을 지킨 후에야 간신히 잠을 청할 수 있었다. 겨우 잠이 들었다. 꿈을 꾸었다. 이성계는 무등산 정상을 향해 걷고 있었다. 사방을 비추는 밝은 빛을 따라가자 기다리고 있던 신령이 "먼 길 오느라 수고 많았소"라면서 "부처님께서 비몽사몽간에 비명을 지른 까닭을 알아오도록 하셨다"고 말했다. 본인의 부덕과 살생을 참회하는 이성계를 데려 오라고 했다는 것이다.

신령을 따라간 자리에는 석가모니 부처님이 법을 설하고 있었다. "중생을 자비慈悲로 대하는 왕도王道를 실천하라"고 당부한 부처님은 주장자를 높이 들어 밤하늘을 가리켰다. 그 순간 주장자 끝에서 물이 흘러 나와 강을 이루었다. 강가에는 산봉우리가 솟아 올랐다. 세 갈래로 갈라진 산은 솥의 발[삼정, 三鼎]처럼 되었다. 가운데는 붓 모양으로 변한 주장자가 하늘로 치솟았다. 이어 산봉우리들이 강을 끼고 돌았다.

순간 이성계는 잠에서 깨었다. 꿈이 너무 생생했다. 시랑에게 이야기를 전하면서 꿈에서 본 산을 찾아보라고 명령했다. 수소문 끝에 담양군 수북면 삼인산三人山이 꿈속의 산과 비슷하다는 사실을 알았다. 무등산에서 삼일 기도를 마친 이성계는 삼인산으로 갔다. "꿈에서 부처님을 친견한 산과 같으니 이제부터 몽불산夢佛山이라 부르도록 하라. 앞으로 국태민안國泰民安을 기도하는 산으로 삼도록 하겠다."

국사가 된 '벌거 벗은 스님'

신라 제40대 애장왕(哀莊王, 788~809) 당시 국사國師로 정수正秀 스님이 있었다. 정수 국사는 은해사 기기암을 창건한 스님이다. "비록 몸은 사바에 있지만, 마음은 극락에 있다"라는 '신기사바身寄娑婆 심기극락心寄極樂'에서 기기암寄寄庵이란 이름이 유래했으니 얼마나 수승한 도량인지 짐작이 간다.

어느 추운 겨울 서라벌에 함박눈이 쏟아지는 날이었다. 바람까지 불어 한치 앞이 보이지 않았다. 눈보라를 벗 삼은 정수 스님이 주장자를 움켜쥐고 삼랑사三郎寺를 나와 황룡사黃龍寺로 걸음을 옮겼다. 초저녁이지만 짧은 겨울 해 때문인지, 아니면 너무 추운 날씨 때문인지 거리에는 인적이 끊겼다. 흐린 밤하늘의 별처럼 몇몇 집에서 불빛이 새어나왔다. 13살의 어린 나이에 왕위에 오른 애장왕의 숙부 언승彦昇이 권력을 장악하면서 민심이 흉흉해지고 도적까지 준동해 초저녁부터 인기척이 사라진 것이었다. 백성들은 대문마저 굳게 닫아 걸고, 꼭 필요한 경우에만 잠깐 불을 밝혔다 곧바로 껐다.

어두운 밤길을 조심스레 걷는데 무언가 스님 발길에 닿는 느낌이 났다. 자세히 보니 웅크린 고양이 한 마리였다. 반갑기도 하고 불쌍하여 머리를 쓰다듬어 주니, 고양이는 스님 뒤를 계속 따라왔다. 짚고 있던 주장자를 내저으며 쫓았지만 고양이는 걸음을 잠깐 멈출 뿐 또 다시 쫓아왔다. "이것도 인연"이라고 생각한 스님은 따라오는 고양이를 그대로 두었다.

그렇게 가다보니 천엄사天嚴寺 근처였다. 겨울 바람에 아기 우는 소리가 묻어왔다. 사방을 돌아보았지만 인가人家도 아기도 없었다. 스님은 주장자에 몸을 의지하고 귀의 신경을 집중했다. 하지만 허사였다. 그런데 천암사 담장을 끼고 도니 탈진한 아기가 울고 있었다. 옆에는 실신한 여인이 탯줄을 손에 쥐고 쓰러져 있었다. 길에서 아기를 낳은 것이다. 깜짝 놀란 스님이 여인을 흔들었지만 미동도 하지 않았다. 스님은 여인과 아기를 보듬고 절이며 민가의 대문을 쾅쾅 두드렸다. 아무도 문을 열어주지 않았다.

그냥 두면 두 사람의 목숨이 위험했다. 옷안에 품은 아기의 얼어가는 몸을 문지르고 여인을 깨웠다. 여인은 신음소리 조차 내지 못했다. 아기는 스님 품이 따뜻했는지 잠이 들었다. 그제야 여인을 제대로 보았다. 거지였다. 악취가 코를 자극했다. 그대로 두면 얼어 죽게 생겼다. 스님은 그 자리에서 주저없이 저고리와 바지를 벗어 여인을 덮어주었다.

매서운 강추위에 벌거숭이가 된 스님은 주장자를 짚고 일어서려고 했다. 그제야 여인이 눈을 떴다. 아기도 무사하다는 소리에 눈물을 흘렸다. 스님이 물었다. "어찌된 일이요?" "아기 낳을 곳이 없어 천엄사를 찾아가는 길이었습니다. 스님 죄송하고 고맙습니다." "이제 살았으니 다행이오. 나는 이만 가봐야 겠소." "스님, 옷을 벗어드릴테니 입고 가십시오."

그러나 스님은 손을 내저으며 사양했다. "나는 이제 살 만큼 살았으니 아기나 잘 보살피시요, 어서 따뜻한 곳을 찾아가고…" 눈보라가 조금은 잦아 들었지만 매서운 추위가 서라벌 저자를 할퀴었다. 벌거벗은 정수 스님은 주장자만 쥔 채 황룡사로 걸음을 옮겼다.

추위가 뼈속까지 파고들었고, 황룡사에 도착했다는 안도감에 스님은 그 자리에 쓰러지고 말았다. 그냥 두면 목숨을 잃을 수 있었다. 길에서 우연히 만난 고양이가 스님의 품을 파고 들었다. 겨우 눈을 뜬 스님은 엉금엉금 기어 헛간에 들어갈 수 있었다. 거적을 덮고 고양이를 껴안고 누웠다. 고양이의 체온이 낮아지는 스님의 체온을 더 이상 떨어지지 않게 했다.

날이 밝았다. 벌거벗은 정수 스님의 이야기가 순식간에 퍼졌다. 애장왕이 스님을 궁궐로 초대해 국사國師로 맞이했다. 사람들은 이러한 정수 스님을 두고 관세음보살의 화현化現으로 여겼다.

벽안스님 _ 정화 불사 이후 중앙종회 의장을 세 차례 역임하고 동국대 이사장을 지내는 등 교단 발전에 헌신한 벽안 스님. 자신에게는 추상같이, 후학들에게는 춘풍처럼 대하며 솔선수범하며 수행했다.

왜구를 벌한
원효 스님 주장자

원효대사元曉大師가 금정산金井山의 한 암자에 머물 당시의 일이다. 스님은 진평왕 39년(617)에 태어나 신문왕 6년(686)에 열반했으니, 이 일은 7세기 후반 신문왕 원년 무렵의 일이다. 스님의 세수 60세 정도 였다.

원효 스님이 금정산 큰 바위에 가부좌를 하고 참선에 들어갔다. 삼매에 들어가니 왜구들이 앞바다를 통해 육지로 몰려와 양민을 학살하고 노략질할 것이 보였다. 남의 목숨을 빼앗지 않는 불살생不殺生을 첫째 계율로 여기는 불가佛家에서 죄 없는 백성의 희생을 두고 볼 수만 없었다.

스님의 숙고熟考가 계속됐다. 일단 설득해 보지만, 마지막까지 듣지 않으면 5만 명의 왜구 목숨을 뺏을 수 밖에 없다고 마음 먹었다. 죄 없는 신라 백성의 목숨을 구하기 위해 살생중죄殺生重罪를 범하기로 한 것이다. 마음이 홀가분하지는 않았다. 비록 왜구지만 그들의 생명도 소중하기 때문이다. 스님은 신라 백성도 왜구들도 살릴 방책을 찾으려고 고심을 거듭했다.

어느새 왜구들의 배가 바다를 까맣게 덮었다. 대마도를 거점으로 대병선大兵船을 동원해 신라 해안가를 초토화하려고 나선 것이다. 이들은 재물만 훔쳐가는 것이 아니었다. 죄 없는 사람을 죽이고 납치하는 것은 물론 집까지 불태우는 등 만행을 저지를 것이 불을 보듯 뻔했다.

동래 앞바다와 울산 앞바다에 배를 정박시킨 왜구들은 본진本陣의 상륙에 앞서 첩자를 풀었다. 스님은 신라 장군기將軍旗를 금정산 바위에 세웠다. 그리고 사미승을 아랫 마을로 보내 낯선 사람 두 명이 있을 테니 데려오라고 했다. 우여곡절 끝에 암자에 온 왜구 첩자를 앉혀 놓고 대화를 나눴다. "기장에서 왔으면 왜군倭軍을 봤는지"를 묻는 질문에 첩자들이 "못봤다"고 답변하자, 원효 스님은 "네놈들이 왜인倭人이 아니고 그럼 무엇이냐"고 호통을 쳤다. 그 순간 신분이 들통난 것을 안 첩자가 순식간에 단도短刀를 꺼내 들었다. "네 이놈"이라는 청천벽력같은 소리와 함께 스님의 주장자가 허공을 가로질렀다.

그들을 제압한 스님은 호로병(葫蘆甁, 호리병이라고도 한다) 5개를 건네며 "내말을 들으면 살 수 있지만, 듣지 않으면 너희 5만 대군의 생명을 장담할 수 없다"고 했다. 의아해 하는 첩자들 앞에서 호로병 목에 붓으로 금을 그었다. 그 순간 첩자들의 목이 저절로 조여 들어 숨 쉬기 힘들었다. 엎드려 목숨을 빌 수밖에 없었다. 원효 스님은 호로병 5개에 같은 금을 그어 첩자에게 건넸다. "지금 당장 돌아가 너희 대장에게 전해라. 오늘 밤이 지나가도 돌아가지 않으면 살기를 바라지 말라고…"

진지로 돌아간 첩자들은 자초지종을 보고했다. 왜장倭將은 "겨우 이런 호로병으로 나를 놀리는 거냐"면서 칼로 호로병을 두 동강 냈다. 그 순간 왜장은 피를 토하고 죽었다. 깜짝 놀란 왜구들은 곧바로 혼비백산하여 도망치기에 바빴다.

금정산 중턱에는 '원효대 바위'가 있는데, 장군기를 세웠던 것으로 전하는 자리로 음푹 파여 있다. 원효 스님이 머물던 암자는 범어사 미륵암으로 알려져 있다

보조국사 주장자가 자란 쌍향수

우리나라에는 삼보사찰三寶寺刹이 있다. 부처님 진신사리를 모신 영축총림 통도사가 불보佛寶, 팔만대장경을 보관하고 있는 해인총림 해인사가 법보法寶, 열여섯 분의 국사國師를 배출한 조계총림 송광사가 승보僧寶 사찰이다. 모두 천하명승지에 자리하고 있으며 스님과 불자들의 수행정진이 멈추지 않는 도량이다.

1000년이 훌쩍 넘는 오랜 역사를 지닌 삼보사찰은 많은 설화가 전해오고 있다. 이 가운데 조계총림 송광사 천자암 쌍향수雙香樹는 주장자와 얽힌 사연을 간직한 나무이다. 높이 12.5m, 둘레 3.98m에 이르는 거목巨木으로 곱향나무로도 불린다. 쌍향수는 고려시대 보조국사普照國師와 담당국사湛堂國師가 중국에서 돌아올 때 짚고 온 '향나무 지팡이'가 자란 것이라고 한다. 보조국사가 1158년에 태어나 1210년에 열반에 들었으니, 쌍향수의 나이는 최소한 800살이 넘는다.

사이좋은 짝처럼 어울려 자란 쌍향수는 두 나무의 줄기가 돌아가면서 서로를 의지하고 있다. 보조국사는 담당국사의 은사이다. 그래서 그런지 한 나무가 다른 나무에 절하는 것처럼 보여 제자가 스승에게 예를 표하는 것 같다.

담당국사는 중국 금나라 천자의 아들, 즉 왕자였다. 장차 천하를 호령할 황위皇位에 오를 수도 있었지만, 부처님처럼 부귀영화를 포기하고 출가하여 보조국사를 따라 고려로 왔다. 그리하여 쌍향수가 있는 암자의 이름도 천자암天子庵이라고 했다. 천자는 '하늘을 대신해 천하를 다스리는 사람' 곧 황제를 뜻한다.

보조국사가 중국의 왕자를 제자로 받아들이고, 두 스님이 함께 고려로 돌아와 천자암 앞 마당에 주장자를 꽂아 지금의 쌍향수가 되기까지 과정을 담은 설화가 지금도 전해온다.

보조국사가 중국에 가기 전 운수납자雲水衲子로 천하를 만행 할 때였다. 그날도 하루 종일 걷고 해가 떨어져 묵을 곳을 찾고 있었다. 민가는 없고 숯 굽는 가마를 겨우 발견했다. 노인이 한명 있었다. 하룻밤 쉬어 갈 수 있겠

보조국사와 담당국사가 땅에 꽂은 주장자가 뿌리를 내리고 자랐다는 전설을 간직한 송광사 천자암의 쌍향수

냐는 국사의 청에 노인은 "누추한 곳에 스님을 모시게 되어 송구하다"며 승낙했다.

감자로 간단하게 요기를 한 후 스님은 노인의 푸념을 들어 주었다. 산속에서 숯을 굽고 사니 삶이 고달프다며 신세를 한탄했다. 보조국사는 소원이 무엇인지 물었다. 노인은 "이제 나이도 많아 이번 생은 이렇게 살고, 다음 생에는 중국에서 천자天子로 태어나 천하를 호령하고 싶습니다"라고 답했다.

보조국사는 "착한 일을 많이 하고 참선을 게을리 하지 않으면 소원을 이룰 수 있다"면서 일상에서 수행 정진하는 방법을 친절하게 일러주었다. 그 뒤로 노인은 국사의 가르침에 따라 숯을 구우면서도 불법佛法에 의지해 열심히 정진했다.

그로부터 30여년의 세월이 흘렀다. 보조국사도 만행을 마치고 길상사(지금의 송광사)에 주석하며 수행했다. 하지만 당시 송광사는 지금과 달리 쇠락할 대로 쇠락했고, 외도外道들이 다수를 차지하고 있었다. 국사가 사찰을 중창하고 불법을 널리 펴고자 했으나 훼방이 만만치 않았다. 외도들은 냇가에서 잡은 물고기를 끓여 국사 앞에 내 놓으면서 "이것을 먹고 다시 살려 낸다면 우리가 절을 떠나겠다"고 했다. 불가능한 일이라고 생각하고 스님을 골탕 먹이려는 수작이었다.

보조국사는 잠시 참선에 들었다 냄비를 들어 물고기를 모두 먹었다. 그리고 일어나 물가로 가서 토하니 물고기들이 되살아나 헤엄쳤다. 깜짝 놀란 외도들은 그날로 절을 떠났다. 그 후로 송광사 계곡의 물고기를 '토어吐魚'라고 부른다. 스님은 길상사를 중창하고 수선사修禪社로 절 이름을 바꾸고 수행도량으로 만들었다. 납자들이 구름처럼 모였고, 재가불자들도 스님의 가르침에 따랐다.

수선사와 보조국사의 명성은 고려뿐 아니라 중국 금나라까지 알려졌다. 어느날 중국 천태산天台山의 십육나한이 신통력을 발휘해 금나라 천자의 뜻을 갖고 수선사에 왔다. 천자가 스님을 모시고 법문을 듣고 싶다는 공양청供養請이었다. 국사는 정중히 사양했다. 그러자 나한들은 "국사께서는 과거의 인연을 살펴 눈만 감고 계시면, 저희가 모시고 갈 것"이라며 재차 간절하게 청했다. 그제야 국사는 눈을 감고 선정禪定에 들었다.

눈을 뜨니 중국 천태산 나한전이었다. 백일기도를 회향하는 날이었다. 등에 난 상처가 아물지 않은 천자가 백일간 나한 기도를 올렸는데, 나한들이 국사를 천태산으로 모셔온 것이다. 범상치 않은 인연이라는 생각에 다시 눈을 감고 선정에 드니 천자가 30여 년 전에 만난 숯 굽는 노인이었음을 알았다. 내생에는 천자로 태어나고 싶다는 원을 세운 그 노인이었던 것이다. 천자의 아픈 곳을 치료해 준 보조국사가 고려로 돌아가려고 했다. 천자는 스님을 스승으로 모시고 금란가사를 비롯한 많은 재물을 공양했다. 그리고 셋째 왕자를 스님 문하로 출가하게 했는데, 그가 바로 담당국사였다.

담당국사는 천자암에 이어 삼일암三日庵에서 견성을 했다. 삼일암이란 암자 이름은 담당국사가 3일 만에 견성 했기에 붙은 이름이다. 국사가 마신 감로수도 '삼일천수三日泉水'라고 한다. 담당국사는 훗날 조계산曺溪山의 제9세 법주法主로 송광사 16국사 가운데 한분이다.

황룡으로 변한 주장자 타고 떠난 노승

민족의 명산名山 지리산에는 예로부터 수행처가 많은 명승지이다. 천하절경과 더불어 정진하기에 적합하기 때문일 것이다. 마음찾는 공부도 하고 몸도 자연의 품에 안기니 이 보다 더 큰 복福은 없을 것이다. 불보살을 모신 크고 작은 도량이 오래전부터 지리산에 있는 것도 이러한 이유 때문이다.

지리산 자락에 해당하는 전남 구례군 토지면 문수골의 문수사文殊寺 역시 백제 성왕 25년(547) 연기조사(緣起祖師, ?~544)가 창건한 유서 깊은 도량이다. 1500년 가까운 역사를 지닌 문수사는 삼국시대 원효 스님과 의상 스님은 물론 윤필, 서산, 소요, 사명 대사 등 역대 선지식이 주석하며 불법佛法을 폈다.

청허당清虛堂 휴정休靜. 즉 서산대사西山大師가 문수사에 머물며 정진할 때의 일이다. 조선 중기 심산유곡深山幽谷에 자리한 문수사는 세상의 눈길을 피해 수행하기에 적합했다. 하지만 신도들이 찾아오기에도 힘들어 절 살림이 늘 어려웠다. 풍족한 생활을 하려고 수행하는 것은 아니기에 서산대사는 개의치 않았다. 간간히 요기만 하면서 정진했다.

그러던 어느 날 궁색한 복장을 한 나이 많은 걸승乞僧이 찾아왔다. 그는 서산대사에게 "이곳에서 머물며 함께 수행하고 싶습니다"라고 청했다. 이에 대사는 "뜻은 알겠으나, 수행하기에 여러 가지로 불편한 점이 많다"면서 완곡하게 거절했다. 노승老僧은 재차 간청했다. 서산대사도 허락하지 않을 수 없었다. 이후 두 스님은 낮과 밤을 잊고 용맹정진을 거듭했다.

서산대사와 수행하던 노승이 어느날 새벽에 지니고 있던 주장자를 앞산으로 날렸다. 그러자 주장자는 황룡黃龍으로 변해 살아 움직였다. 노승은 황룡을 타고 안개 속으로 유유히 사라졌다. 그 뒤로 문수사는 깨달음을 성취하는 수행처로 널리 알려졌다.

신선 승천한 자리에 꽂은 주장자

유천희해遊天戲海. "(큰 새가) 하늘에서 놀고, (큰 물고기가) 바다를 희롱한다." 두터운 한지에 어른 팔뚝만한 크기로 추사 김정희가 쓴 대표적인 글 가운데 하나이다.

전북 정읍시 두승산 정상에 자리한 유선사遊仙寺는 '신선이 노니는 절'이란 이름처럼 '유천희해'의 기상을 만끽할 수 있는 도량이다. 김제, 고창, 정읍의 넓은 평야 가운데 우뚝 솟아있는 두승산의 유선사에서 바라본 경치는 장관壯觀이다.

두승산 높이가 444m에 불과하지만 평야 가운데 자리해 웅장한 기운이 가득하다. 구름 한 점 없는 맑은 날이면 눈부신 창공蒼空과 녹색 평야平野, 그리고 끝없이 펼쳐진 서해西海가 마음까지 깨끗하게 한다. 말 두斗, 되 승枡이란 산 이름도 범상치 않다. 호남의 너른 평야에서 생산한 곡식을 말과 되로

측정한다는 의미인지, 아니면 둥근 모양의 '두'는 하늘이고 네모난 모양의 '승'은 땅을 나타낸 것인지 모를 일이다. 두 가지 해석 모두 맞다고 해도 틀린 말은 아니다.

호남의 으뜸가는 명승지 답게 예로부터 많은 이들의 발길이 이어졌다. 특히 대웅전 뒤의 동산은 두승산 기운이 몰려 있는 곳이다. 동산 봉우리 맨 위에는 칠성바위가 솟아 있는데, 바위 틈 사이로 뿌리 내린 나이 많은 괴목槐木이 서 있다.

괴목은 신라시대 의상대사가 짚고 다니던 주장자라는 전설이 전해온다. 의상대사가 호남의 삼신산三神山 순례에 나섰다 두승산 망화대望華臺에 이르러 참선을 했다고 한다. 삼신산은 부안의 변산邊山, 고창의 방장산方丈山, 그리고 정읍 두승산이다.

의상대사가 오랜 시간 참선을 마치고 눈을 뜨니 일곱 명의 신선이 두승산에서 놀다 하늘로 올라가는 것이 아닌가. 이를 목격한 의상대사가 신선들이 승천한 자리에 지니고 있던 주장자를 꽂아 표시를 했다. 그리고 그 자리에 절을 지었다. '신선들이 노닌 절'이란 뜻의 유선사라는 사명寺名도 여기에서 유래 한 것이다.

의상대사가 바위에 꽂은 주장자는 죽지 않고 잘 자라 지금의 괴목이 되었다. 마을에서는 괴목이 자란 바위를 칠성대七星臺 또는 제왕대帝王臺라 부른다. 천제天祭나 기우제祈雨祭를 지내는 등 의지처로 삼고 있다.

주장자 휘두르자 나타난 문수보살

고려시대 명오明悟 달진達眞 혜명惠明 스님은 오랜 기간 함께 정진했지만 공부의 결과가 신통치 않았다. 세 명의 스님은 어느해 동안거를 맞아 "이번에는 반드시 대오大悟하자"는 간절한 원력을 세우고 태백산 심원암深源庵으로 갔다. 폐문불출閉門不出하고 반드시 깨달음을 이루겠다고 발원했다. 세 명의 스님이 공부한 태백산 심원사가 지금의 어느 사찰인지는 분명하지 않다. 다만 삼척에 있었던 심원암이라는 주장과 봉화 각화사 동암東庵이라는 이야기가 같이 전한다.

음력 10월 14일. 동안거 결제 하루 전이었다. 내일부터 용맹정진하기에 이것 저것 준비할 것이 많았다. 그때 한 노승老僧이 세 명의 스님들 앞에 나타났다. 다 떨어져 남루한 걸망을 짊어진 노승은 방부房付를 청했다. 방부는 선방에 안거를 들이거나 다른 절에 갔을 때 머무는 것을 청하는 것이다.

스님들은 고민에 빠졌다. 방부를 받자니 공부에 방해가 될 것 같고, 그러지 않자니 결제 기간에는 외부 출입을 못하니 다음 날이면 꼼짝없이 방부를 받아야 하는 상황이었다. 세 명의 스님은 방부는 받지만 선원 청규를 엄격하게 적용해 스스로 떠나도록 하자는데 의견을 같이했다.

그렇게 그해 심원암 동안거는 네 명의 스님이 정진하게 됐다. 노승은 첫날부터 졸았다. 입선入禪만 하면 눈이 스스로 감기고 몸이 흔들렸다. 다른 스님들이 보고 있지만 않았다. 장군 죽비로 어깨를 내리쳤다. 그래도 졸았다. 세 명의 스님이 돌아가며 죽비를 들었다. 그렇지만 노승은 심원암을 떠나지 않았다.

동안거 결제가 하루 하루 더해갔다. 노승이 조는 일은 점점 줄었다. 해제가 가까워 지니 전혀 졸지 않았다. 오히려 세 명의 스님이 경책을 받아야 하는 일이 늘었다. 삼동三冬이 지나고 동안거가 끝났다.

노승은 세 명의 스님에게 "양식도 없는 소승의 방부를 받아주어, 이번 동안거 정진을 잘 했습니다"라고 인사했다. 그리고는 남루한 걸망을 등에 지고, 한 손에는 주장자를 들고 휙하고 돌았다. 그리고 갑자기 나타난 청사자青獅子를 타고 하늘로 올라갔다. 문수보살文殊菩薩은 지혜를 상징하는 푸른 칼을 들고 청사자를 탄채 나타나는 것으로 표현된다. 세 명의 스님들은 그

제야 노승이 문수보살의 화현化現임을 알았다. 공부를 독려해주기 위해 문수보살이 노승으로 화化했던 것이다.

스님들은 청사자를 타고 사라진 노승, 즉 문수보살을 향해 거듭 절을 하고 예를 표하며 청했다. "문수보살님. 저희들의 인연 자리를 일러 주소서" 얼마 뒤 동자가 나타나 말했다. "명오는 갈래사葛來寺로, 달진은 금룡사金龍寺로, 혜명은 법흥사法興寺로 가라."

갈래사는 정선 정암사, 법흥사는 영월 법흥사로 두 사찰은 부처님 사리를 모신 적멸보궁이 있는 성지聖地이다. 다만 금룡사는 어느 절인지 분명하지 않다. 다만 정암사와 법흥사가 자장율사慈藏律師가 창건한 도량이며, 문수보살과 인연이 깊은 것으로 보아 금룡사도 비슷한 도량일 것으로 추정한다.

근대 한국불교의 대표적인 율사律師로 존경받는 자운(慈雲, 1911~1992) 스님의 『문수성행록文殊聖行錄』에 나오는 이야기다.

1300년 이어 온 자장율사 주장자

불교의 생명은 계율戒律이다. 우리나라의 계율은 신라시대 율사律師 자장(慈藏, 590~658) 스님의 영향이 크다. 진골 출신의 명문가에서 성장한 자장율사는 부처님 사리를 모신 적멸보궁寂滅寶宮이 있는 영축총림 통도사와 정선 정암사, 영월 법흥사 등 많은 사찰을 창건했다.

선덕여왕이 재상宰相에 임명했으나 벼슬을 맡지 않고 출가 사문의 길을 묵묵히 걸었다. 특히 선덕여왕 5년(636) 승실 스님 등 제자 10여 명과 당나라 오대산에서 문수보살을 친견하고 돌아왔다. 이때 문수보살에게 가사와 진신사리를 받아 귀국해 신라 전역에 불교의 꽃을 피웠다. 율사는 오대산 상원사上院寺, 태백산 정암사淨岩寺, 영축산 통도사通度寺, 설악산 봉정암鳳頂庵, 사자산 법흥사法興寺에 진신사리를 봉안했다. 우리나라를 대표하는 5대 적멸보궁으로 불자들의 참배행렬이 끊이지 않는 성지이다.

자장율사는 신라 수도인 서라벌의 대표 사찰인 분황사 주지를 지내면서 궁궐과 황룡사에서 각종 경전을 강론했다. 대국통大國統에 올라 황룡사 9층 목탑 건립을 건의하는 등 전법 활동을 활발하게 펼쳤다. 노년에는 신라 북방으로 올라가 강릉 수다사水多寺를 세웠다.

자장율사가 열반한 도량이 태백산 정암사이다. 적멸보궁인 이 절에는 자장율사가 사용하던 주장자를 신표信標로 땅에 꽂은 것이 자란 주목朱木이 눈길을 사로잡는다. 주목은 살아 1000년, 죽어 1000년, 쓰러져 1000년을 간다고 한다. 하지만 정암사 주목은 지금도 생명력이 넘친다. 앞서 나무가 생명을 다하면 다음의 나무에 생명을 이어주었다. 자식을 끝없이 사랑하는 어머니의 마음이 자장율사의 주장자에서 자라난 주목에서도 느낄 수 있다.

자장율사가 정암사를 창건한 것이 신라 선덕여왕 7년(638)이니 1300년이 넘는 세월이 지났다. 율사가 남긴 주장자가 새로운 생명을 잉태하고 이어 지금까지 명맥을 유지하고 있으니 신이神異한 일이 아닐 수 없다.

1897년 오횡묵吳宖默 정선군수가 발간한 『정선총쇄록旌善叢鎖錄』에도 정암사 주목에 대한 이야기가 나온다. 이 책은 그가 군수로 재직하던 10년 간의 일을 일기 형식으로 작성한 것이다. 오횡목은 "장한 기세를 잃지 않고 오랜 세월을 꼿꼿하게 버티고 서 있는데, 이는 자장율사 지팡이"라면서 "(자장)법사가 다시 태어난다면 (이 나무 또한) 다시 살아나 잎이 무성하게 피어날 것"이라고 했다.

한암 스님 _ 청정한 계행과 삼매 정진으로 수행의 지남을 보여준 한암 스님. 27년간 오대산을 나서지 않으며 정진한 한암 스님은 1951년 한국전쟁 당시 상원사 소각 명령을 받고 온 국군을 설득해 도량을 지켰다.

가야산에서 호랑이 쫓아낸 환적대사

신라 애장왕 당시 순응順應 스님과 이정利貞 스님이 창건한 해인사海印寺는 1200년이 넘는 역사를 지닌 명찰名刹이다. '해인'이라는 절 이름은 『화엄경』의 '해인삼매海印三昧'에서 유래했다. 순응 스님이 화엄사상으로 유명한 의상義湘대사 법손이며, 해인사가 의상대사 화엄십찰華嚴十刹의 하나인 것도 우연은 아니다.

해인사를 품고 있는 가야산伽倻山도 명승지로 유명하다. 해발 1430미터로 경남 합천군과 경북 성주군을 아우르고 있다. 주봉은 불교에서 부처님을 상징하는 코끼리와 인연이 있는 상왕봉象王峰이다. 코끼리 왕을 표현한 상왕은 곧 부처님을 나타낸다. 산 이름인 가야는 부처님이 탄생한 인도의 부다가야와 같으니, 가야산은 불교 성지聖地 가운데 으뜸이다.

가야산은 아름다운 자연환경 때문에 많은 동물과 식물이 자라고 있다. 멧돼지, 토끼, 너구리, 부엉이, 꿩, 산까치, 꾀꼬리, 비단개구리, 소나무, 수수꽃다리, 둥근정향나무, 매발톱나무, 백리향 등 헤아릴 수 없을 정도다. 하지만 유독 맹수猛獸인 호랑이는 가야산에 발을 붙이지 못했다고 한다. 해발 1430미터를 감안 할 때 호랑이가 살지 못할 환경이 아닌 것은 아니다.

가야산에 호랑이가 없는 까닭을 전하는 설화가 있다. 조선시대 해인사에 환적(幻寂, 1603~1690) 스님이 주석하고 있었다. 11세에 속리산 법주사 복천암에서 출가해 88세에 해인사 백련암에서 입적했다. 환적 스님은 평상시에는 호랑이를 타고 숲속을 누빌 만큼 동물들과 가까웠다. 시자인 동자승도 호랑이와 친구처럼 다정하게 지냈다. 호랑이가 동자승을 해코지 하지 않았고, 동자승도 호랑이를 잘 보살폈다.

그러던 어느날 환적 스님이 절 밖으로 출타를 하게 되었다. 스님은 동자승과 호랑이에게 "싸우지 말고 사이 좋게 놀라"고 당부하고 길을 나섰다. 재미있게 놀다보니 어느덧 해가 산을 넘어섰다. 공양시간을 넘기고 말았다.

배고픈 동자승과 호랑이는 밥을 차려 먹기로 하고 공양간에 들어갔다. 동자승이 쌀을 씻어 앉히고 반찬을 만들기 시작했다. 일이 서툴다 보니 그만 칼에 손을 베고 말았다. 손에서 피가 떨어졌다. 동자승은 흐르는 피를 버리기 보다는 배 고픈 호랑이에게 주면 좋겠다는 생각이 들었다. 그래서 상처에서 나온 피를 호랑이 입에 넣어주었다. 호랑이는 태어나 처음으로 사람 피를 먹게 되었다. 허기진 데다 피 맛을 보니 맹수의 본능이 드러나고 말았다. 끔찍한 일이 벌어지고 말았다. 호랑이가 손가락에서 나오는 피는 물론이고 동자승까지 먹어치운 것이다. 한참을 정신없이 먹다보니 뒤늦게 동자승 생명을 빼앗은 것을 알았다. 그러나 너무 늦었다. 땅을 치며 통곡했지만 소용이 없었다. 목숨을 어찌 되돌릴 수 있겠는가.

그날 밤 늦게 환적 스님이 돌아왔다. 처참한 상황을 확인한 스님은 들고 있는 주장자로 내리쳐 호랑이 뒷다리가 부러졌다. 불같이 화가 났지만 차마 호랑이를 죽일 수는 없었다. 스님은 호랑이에게 일렀다. “이제 다시는 내 눈앞에 나타나지 말아라. 그리고 가야산에도 얼씬거려선 안 된다. 다른 곳에 가서도 사람을 해치지 말아라” 그날 밤 호랑이는 다친 다리를 끌며 가야산을 떠났다. 그뒤로 가야산에는 호환虎患이 없었고, 호랑이도 더 이상 나타나지 않았다고 한다.

고려시대 주장자는 '정 씨'

스님들이 사용하는 주장자를 의인화擬人化한 이야기가 전해온다. 조선 성종의 명으로 서거정徐居正 등이 펴낸 『동문선東文選』에 실린 '정시자전丁侍者傳'이다. 본래 고려시대 식영암息影庵 스님이 지은 가전체 작품을 『동문선』에 옮겨 실은 것이다. 가전체假傳體는 물건이나 사물을 사람처럼 의인화해서 쓴 작품이다. 실제 사람처럼 전기傳記의 형식을 빌렸기에 가전假傳이라고 한다. 고려 중기 이후 특히 고려 후기에 유행했다. 이곡李穀의 죽부인전竹夫人傳, 이규보李圭報의 국선생전麴先生傳, 이첨李詹의 저생전楮生傳 등이 대표적인 가전체 작품이다.

고려 시대 주장자에 대한 스님들의 인식을 단편적으로 보여주는 작품이 '정시자전'이다. 지팡이 모양과 비슷한 글자 丁(정)에 비유한 작품이다. '정시자전'이라 이름 붙인 것은 지팡이가 스님이나 귀인을 곁에서 모시는 시자侍者의 소임을 맡았기 때문이다.

어느해 입동立冬날 새벽 식영암 스님을 찾아온 정시자(지팡이)가 자신이 태어난 이야기와 그동안 어떻게 지냈는지 털어놓는다. 그리고 식영암 스님의 시자가 되겠다고 한다.

정시자는 가늘고 길며, 검고 빛나고, 붉은 뿔은 우뚝하여 소 뿔 같고, 검은 눈망울은 부릅뜬 눈을 하고 오뚝하게 섰다. 아비는 소머리를 한 포희씨包犧氏고, 어미는 뱀의 몸을 한 여와女媧라고 했다.

정삼랑丁三郎이란 사람을 만났는데, 그가 "위는 건너 지르고 아래는 내리 그었으니, 내 성을 자네 성으로 주겠네"라고 하여 정丁씨 성을 갖게 되었다고 한다.

정시자의 이야기를 듣고 난 식영암 스님은 이렇게 칭찬한다. "덕이 두텁구나. 그대는 성인이 남긴 몸이다. 뿔은 장壯하고, 눈은 용龍 같구나, 몸에 옻칠을 한 것은 신信과 의義고, 쇠 입은 지智와 변辯이고, 모시는 직책은 인仁과 예禮다. 돌아가 의지함은 정正과 명明이다. 이러한 미덕으로 늙거나 죽지 아니하니, (그대는) 성인이 아니면 신神이다."

하지만 식영암 스님은 정시자를 곁에 두지 않는다. 자신 보다는 나이 많은 각암 노스님의 시자가 되라고 보낸다.

"정丁아, 어서 어서 각암 스님에게 가거라. 나는 여기서 박과 오이처럼 매어 사는 몸이니. 너만 못하구나."

고려 후기 대표적 승려문인 식영암 스님은 강화 선원사, 용장사, 고흥 월남사에서 주석했으며, 『동문선』에 13편의 작품이 실릴 만큼 글솜씨가 뛰어났다. 고려후기 문신이며 학자인 이제현李齊賢과 매우 가까웠다. 법명은 연감淵鑑이고, 식영암息影庵은 호이다.

본래 식영암은 진각국사眞覺國師 제자인 운기雲其 스님이 고흥 팔영산(또는 팔전산)에 지은 암자 이름이다. 식영息影. '그림자가 쉰다' 또는 '밖으로 나가지 않는다'는 의미다. 즉 참선 수행의 다른 표현이다. 운기 스님이 세운 식영암에 머물면서 연감 스님은 암자 이름을 법호로 삼은 것이다.

경흥 법사 인도한 '주장자'

신라가 삼국을 통일한 후 명성을 떨친 고승 가운데 한명이 경흥법사憬興法師이다. 법사는 곧 스님과 같은 말이다. 경흥 스님은 웅천주熊川州 사람이다. 웅천주는 지금의 공주이니, 스님은 백제인이었다.

18세에 출가해 삼장三藏에 밝아 명성이 높았다. 신라 문무왕은 세상을 떠날 적에 아들 신문왕에게 "경흥 스님을 국사國師로 모셔 예우하라"면서 "나의 명을 잊지 말라"고 당부했다. 국왕이 사후 일을 당부한 유언인 고명顧命을 남긴 것이다.

아버지에 이어 즉위한 신문왕은 경흥 스님은 국로(國老, 나이와 공로와 덕망이 높아 나라 일을 돕는 사람)로 모셨다. 선왕의 고명대로 국사國師로 모시지 못한 것은 경흥 스님이 신라인이 아닌 백제인이었기 때문으로 보인다. 그래도 백제 출신의 스님이 신라에서 국로, 즉 '나라의 원로'로 예우받은 것은 드문 일이다.

경흥 스님의 생애와 일화는 『삼국유사』 '경흥우성조憬興遇聖條'를 통해 확인할 수 있다. '경흥우성'이란 경흥 스님이 성인聖人을 만났다는 것으로, 성인은 관세음보살이다. 이에 따르면 스님의 성은 수水 씨이고, 국로가 된 후 서라벌 삼랑사三郎寺에 주석했다.

경흥 스님은 주장자(지팡이)와 관련된 유명한 일화가 있다. 스님이 삼랑사에 주석할 당시 갑자기 병이 들어 한 달간 누워 있어야 했다. 백방으로 약을 구하고 치료를 받았지만 효과가 적었다. 그러던 어느날 찾아온 한 비구니 스님이 "지금 스님의 병은 근심 때문에 생긴 것이니, 즐겁게 웃으면 나을 것"이라고 말했다. 비구니 스님은 『화엄경華嚴經』의 "좋은 벗이 병을 고쳐준다(善友原病 之說)"는 이야기를 더했다.

이어 그 비구니 스님은 경흥 스님 앞에서 열한 가지 모습으로 춤을 추었다. 너무 웃어 턱이 빠질 지경이었다고 한다. 그 춤을 보고 병이 씻은 듯 나았다. 춤을 추고 한 비구니 스님은 삼랑사 남쪽에 있는 남항사南巷寺로 들어갔다. 남항사에 가보니 아무 흔적도 없고 다만 비구니 스님이 지니고 있던 지팡이만 십일면원통상十一面圓通像 탱화 앞에 놓여 있었다. 십일면원통상은 십일면관음보살상으로 관세음보살이 11가지 모습을 화현하여 중생을 구제한다는 의미를 갖고 있다.

경흥 스님과 관련된 또 하나의 일화가 있다. 국로가 된 경흥 스님이 행차를 할 때면 매우 화려했다. 궁궐에 들어가기 위해 시종들이 채비를 차리기에 분주한 어느날 이었다. 남루한 옷차림을 한 스님이 손에는 주장자를 짚고, 등에는 걸망대신 광주리를 지고 나타났다. 하마대下馬臺 위에서 쉬고 있는 그 스님의 광주리 안에는 말린 물고기들이 들어 있었다. 이를 보고 시종들이 "어찌 승복을 입고 더러운 물고기를 갖고 다니느냐"며 책망을 했다. 소리를 듣고 있던 허름한 옷 차림을 한 그 스님이 대꾸했다. "다리 사이에 살아 있는 고기를 끼고 다니는 것보다, 말린 물고기를 등에 지고 다니는 것이 나은 일이다." 그리고 일어나 가버렸다.

궁궐에 가기 위해 나서던 경홍 스님은 그 스님의 이야기를 듣고 하인을 시켜 뒤를 따르게 했다. 그 스님은 남산 문수사文殊寺에 이르러 광주리를 버리고 사라졌다. 그런데 스님이 짚던 주장자는 문수보살상 앞에 남아 있었고, 광주리 안에 들어 있던 물고기는 소나무껍질이었다.

이야기를 전해 들은 경홍 스님은 "내가 말 타는 것을 문수보살이 경책하셨구나"라며 탄식하고 다시는 말을 타지 않았다.

국로가 된 후 병이 깊어졌을 때는 관세음보살이 나타나 치료해 주었고, 수행자 본분에 맞지 않는 사치스런 생활을 할 때는 문수보살이 나타나 잘못을 바로 잡아준 것이다. 경홍법사가 바른 길을 갈 수 있도록 인도한 관세음보살과 문수보살은 주장자를 지니고 있었다.

영주 부석사
의상대사 주장자

경북 영주시 부석면 봉황산鳳凰山 중턱에 자리한 천년고찰 부석사浮石寺. 신라 문무왕 16년(676) 의상대사義湘大師가 창건한 대표적인 화엄도량華嚴道場이다. 부석사와 인연이 깊은 의상대사를 '부석존자浮石尊者'라고 한다. 의상대사의 화엄종을 부석종浮石宗이라 부르기도 한다.

부석사에는 의상대사가 지녔던 주장자가 지금도 이어져 오고 있다. 전설에 따르면 어느날 의상대사가 거처 앞 처마에서 떨어지는 비가 닿는 낙수처落水處에 주장자를 꽂았다.

의상대사는 "내가 떠난 후, 이 주장자에는 가지가 생기고 잎이 날 것"이라면서 "이 나무가 말라죽지 않으면 나 또한 죽지 않았음을 알라"고 말했다. 그리고 스님은 서역西域 천축天竺으로 갔다는 것이다. 전설이지만 서역의 천축으로 갔다는 이야기는 사바의 인연을 마치고 열반에 들었음을 상징적으로 표현하고 있다.

그후 부석사 스님들은 의상대사 형상을 흙으로 빚어 스님이 머물던 방안에 모셨다. 처소 밖 처마 밑에 꽂아놓은 주장자는 대사 말대로 가지가 생기고 잎이 피어났다. 비가 내리지 않고, 이슬이 맺히지 않아도 잘 자랐다. 하지만 나무는 의상대사가 사용한 건물을 넘어서지는 않았다. 나무의 키는 약 1장丈 남짓이다. 1장은 10척이다. 1척尺이 약 30.3㎝이니, 1장이면 3m30cm이다. 부석사 조사당祖師堂 추녀 밑에 보호각 안에서 자리를 지키고 있다.

의상대사의 주장자가 자란 나무는 유명했다. 광해군光海郡 당시 영남관찰사 정조鄭造가 부석사에 와서 이 나무를 보고 "선인(仙人, 의상대사)이 짚던 지팡이니, 나도 짚어보고 싶다"면서 베어갔다. 그러나 곧 두 개의 줄기가 생겨 이전처럼 자랐다고 한다. 훗날 정조는 인조반정 후에 역모에 가담하여 목숨을 잃었다.

조선 후기에 나온『오주연문장전산고五洲衍文長箋散稿』에는 "지금도 사철 푸르고, 잎도 떨어지지 않아 승려들이 비선화飛仙花라 부른다"고 기록하고 있다.『오주연문장전산고』는 조선 후기 실학자 이규경(李圭景, 1788~?)이 1850년경에 쓴 일종의 백과사전이다. 의상대사의 주장자가 자란 나무를 골담초骨擔草, 금작화金雀花 · 선비화禪扉花라고도 부른다.

이규경 보다 300년 앞서 퇴계退溪 이황(李滉, 1501~1570)도 부석사 '비선화'를 소재로 시를 지었다. 1899년에 나온『순흥지順興誌』에 실린 퇴계의 시이다.

영주 부석사 조사당 앞에는 의상대사 주장자가 자란 나무가 꽃을 피운다.
예로부터 선비화, 비선화, 금작화, 골담초 등 다양한 이름으로 불린다.

擢玉森森依寺門(탁옥삼삼의사문) 僧言卓錫化靈根(승언탁석화령근),

杖頭自有曹溪水(장두자유조계수) 不借乾坤雨露恩(불차건곤우로은)

옥처럼 솟아 절 문에 기대었는데, 의상대사 주장자가 변한 것이라고 스님이 알려주네, 지팡이 머리엔 본래 조계수 있어, 비와 이슬 은혜는 받지 않았네."

조선 후기 문신 이유원(李裕元, 1814~1888)의 문집 『임하필기林下筆記』에는 율곡栗谷 이이李珥의 '의상장義湘杖'이란 제목으로 같은 내용의 시가 실려 있다.

지난 2008년 7월 유네스코 세계문화유산으로 등재된 아름다운 절 부석사를 참배할 때 조사당 앞에서 의상대사의 자취가 전하는 선비화를 친견해 보는 것은 어떨까.

영주 부석사 조사당 앞에는 의상대사 주장자가 자란 나무가 있다.
추녀 밑에 자리하고 있는데, 보호각을 설치해 놓았다.

무학대사 주장자가 자란 배롱나무

영동 반야사般若寺. 이름 그대로 '지혜의 절'이다. 신라시대 원효대사와 의상대사가 세웠다는 설화가 전하지만 고려시대 무염국사(無染國師, 800-888)가 창건한 기록도 전한다. 악룡을 쫓아내고 연못을 메워 반야사를 창건했다는 것이다. 또한 신라 성덕왕 19년(720) 의상대사의 10대 제자인 상원 스님이 창건주라는 이야기도 전한다.

반야사라는 사명寺名에서 짐작하듯 문수도량이다. 피부병 때문에 고생하던 세조를 문수보살이 절 인근의 영천靈泉으로 안내해 목욕 하도록 했다. 사자를 탄 문수동자는 "왕의 불심佛心이 갸륵해 부처님 자비가 따른다"는 말을 남기고 사라졌다. 병이 깨끗이 나은 세조는 절 이름을 반야라고 지었다고 한다.

한국전쟁의 아픔을 겪었지만 천태산(715m) 동쪽 기슭에 자리한 반야사는 천년고찰의 역사를 간직한 도량이다. 극락전 앞 3층석탑은 보물 1317호이며, 500년이 넘은 배롱나무 두 그루가 사찰을 지키고 있다. 특히 배롱나무는 태조 이성계와 인연이 깊은 무학대사가 지닌 주장자에서 비롯됐다. 대사가 땅에 꽂은 주장자가 둘로 쪼개져 두 그루의 배롱나무로 자라났다고 한다. 마치 부처님께 예를 올리듯 극락전 앞에 자리하며 사찰을 장엄한다.

매년 7~8월 뜨거운 여름날에 분홍빛 꽃을 활짝 피우는 배롱나무는 녹음綠陰속에서 더욱 빛난다. 당나라 수도인 장안의 자미성紫微城에 많이 자라 자미화紫微花라는 별명도 갖고 있다. 꽃이 100일간 핀다고 해서 백일홍百日紅이라고도 부른다.

무학대사(無學大師, 1327~1405)는 고려 말 조선 초 고승高僧으로 용문산龍門山 혜명국사에게 불법을 배우고 묘향산에서 수도했다. 원나라 수도 연경燕京에 유학하며 인도 지공선사와 고려 나옹선사에게 공부했다. 그 후 귀국해 묘향산 금강굴에서 수도했다. 새로운 수도를 마련하려는 태조 이성계의 뜻에 따라 계룡산과 한양을 돌아보았다. 영동 반야사를 들려 주장자를 꽂은 것도 조선의 도읍지를 알아보려 다닐 때의 일이 아닐까 싶다.

보호수

무학대사 주장자가 자란 배롱나무가 법주사 말사인 영동 반야사 도량을 장엄하고 있다.

각진국사 주장자와 백양사 이팝나무

우리나라에서 가장 오래된 이팝나무가 스님 주장자에서 비롯됐다. 전남 장성에 있는 조계종 제18교구 본사 고불총림古佛叢林 백양사白羊寺 쌍계루雙溪樓 인근의 이팝나무가 그 나무다. 고려 말 각진국사(覺眞國師, 1270~1355)가 사용하던 주장자를 땅에 꽂았는데, 자라 지금의 모습을 갖추었다. 수령은 700년이 넘었다. 이팝나무라는 이름은 나무를 덮은 흰꽃이 쌀밥처럼 보인다고 해서 붙은 이름이다. 흰꽃이 얼마나 무성하냐에 따라 그 해 농사의 풍년과 흉년을 가늠했다.

각진국사는 순천 송광사, 영광 불갑사, 장성 백양사에서 정진했다. 세수 86세로 입적할 때 머문 마지막 도량이 백양사이다. 고려 공민왕은 스님을 '왕사王師 대조계종사大曹溪宗師 일공정령뇌음변해홍진광제도대선사一邛正令雷音辯海弘眞廣濟都大禪師 각엄존자覺儼尊者 증시각진국사贈諡覺眞國師'에 봉했다. 영광 불갑

장성 고불총림 쌍계루 근처에 있는 이팝나무.
고려말 왕사 각진스님 주장자가 자란 것이다.

대한불교조계종 제18교구 본사 고불총림 백양사 쌍계루 인근에 자리한 이팝나무.
앞에 보이는 전각이 쌍계루이고, 그 뒤로 백암산 백학봉이 보인다.

사에 머물던 공민왕 1년(1352)에 왕사가 된 스님은 공민왕 4년(1355) 백양사(당시 절 이름은 백암사白巖寺)로 주석처를 옮겼다. 스님은 그해 7월 27일(음력)에 입적했다. 각엄존자는 앞서 충정왕忠定王때 왕사가 되면서 받은 시호이다. 백양사에 머문 기간이 짧으니 스님의 주장자가 변한 이팝나무는 1355년에 심었을 가능성이 크다.

백양사 산문에 들어서 쌍계루앞 연못 인근에 자리한 이팝나무는 무성함이 하늘을 덮을 기세다. 마치 사바세계 모든 중생을 자비로 섭수攝受하는 부처님 마음 같다. 천년고찰의 울창한 숲, 그리고 연못과 어울린 이팝나무는 백양사를 찾는 이들의 마음까지 포근하게 한다. 고려시대 백양사를 중창하면서 심은 비자나무를 비롯한 다양한 나무들이 숲을 이루며 선의의 경쟁을 하고 있다. 그 가운데 자리한 이팝나무는 세상 일에 초연한 듯 평화롭기만 하다.

백양사 이팝나무를 제대로 보려면 5월 즈음이 제격이다. 하얗게 꽃을 피운 모습이 마치 흰쌀밥을 소복하게 담은 것 같다. 지금이야 다이어트 한다고 탄수화물 많은 쌀밥 대신 다른 음식을 즐기지만, 불과 얼마 전까지만 해도 밥공기를 가득 채운 흰쌀밥은 가족을 사랑하는 어머니의 마음이었다. 각진국사의 마음도 중생을 자비로 대하는 관음보살 같았을 것이다.

스님이 오래 머문 영광 불갑사佛岬寺에 있는 '각진국사비覺眞國師碑' 비문을 살펴보면 그런 내용이 들어 있다. 비문은 이달충李達衷이 썼다. "사람됨이 맑고 순박하며, 단아하고 평화스럽다. 마음은 곧고 깨끗하다. 멀리서 보면 신선 같고, 가까이 보면 온화하기가 부모 같았다."

비문에 따르면 스님은 경남 고성이 고향이며 아버지는 판밀직우상시문한학사승지判密直右常侍文翰學士承旨를 지낸 이존비李尊庇이다. 스님 속명은 이정李精, 법명은 복구復丘이다. 스스로 무언수無言叟라는 호를 사용했다. '없을 무, 말씀 언, 늙은이 수'로 '말 없는 늙은이'라고 겸손했다. 충정왕과 공민왕의 왕사를 지냈지만 청빈한 각진국사는 말 없는 가운데 진리를 보여준 이심전심以心傳心의 도인이었다.

스님은 입적이 가까워지자, 옷을 갈아입고 삭발 목욕 후 선상禪床에 앉아 "마음이 곧 부처이다 … 나고 죽는 것이 본래 공空이다"라는 마지막 법문을 하고 열반에 들었다. 세수 86세, 법납 76세였다.

의상대사 주장자가 자란 양평 용문사 은행나무

양평 용문산 자락에 자리한 용문사龍門寺는 신라 시대부터 역사가 시작된 고찰古刹이다. 선덕왕 2년(913) 대경대사大鏡大師가 창건했다는 이야기와 신라 마지막 왕 경순왕(927~935 재위)이 직접 절을 세웠다는 설화가 공존한다. 여하튼 용문사의 역사가 통일신라 때부터 이어져 온 것은 사실로 보인다.

고려 우왕 4년(1378) 지천대사智泉大師가 수도 개성의 경천사敬天寺 대장경을 용문사로 이운해 봉안했다. 조선 태조 4년(1395)에는 조안화상祖眼和尙이 중창했다. 세종 29년(1447) 훗날 세조가 된 수양대군이 어머니 소헌왕후昭憲王后를 위해 대웅보전大雄寶殿을 다시 짓고, 왕위에 오른 뒤에 용문사를 중수했다.

성종 11년(1480) 처안處安 스님이 중수하고, 고종 30년(1893) 봉성대사鳳城大師가 중창했다. 신라, 고려, 조선을 이어온 용문사는 1907년 한일강제병합에 반대한 의병들이 근거지로 삼아 항일 투쟁에 나선 것을 빌미로 일본군이 불태우는 만행을 자행했다.

그로부터 2년 뒤 취운翠雲 스님이 일부 건물을 다시 지으며 복원에 나섰다. 1938년 태욱泰旭 스님과 1982년 선걸禪杰 스님이 도량을 정비했다. 이후에도 여러 스님들이 주지 소임을 보면서 대중과 도량을 일신해 지금에 이르고 있다.

용문사에는 보물 제531호 정지국사正智國師 부도와 더불어 1962년 12월3일 천연기념물 제30호로 지정된 은행나무가 참배객의 눈길을 끈다. 용문사 은행나무는 동양에서 가장 큰 규모를 자랑한다. 높이가 무려 42미터에 이르며, 가슴 높이의 둘레가 14미터나 된다. 은행나무가 차지한 면적이 258㎡(약 78평)이다. 나이는 1100년으로 추정하고 있다.

이와함께 신라시대 고승인 의상대사義湘大師가 용문산에 왔다 짚고 다니던 지팡이를 꽂은 것이 뿌리를 내려 지금에 이르렀다고 한다. 의상대사가 짚고 다닌 지팡이는 주장자였을 것이다. 신라 마의태자麻衣太子가 나라를 잃고 금강산 가는 길에 은행나무를 심었다는 이야기도 전해온다.

1000년이 넘는 나이를 간직한 용문사 은행나무는 묵묵히 자리를 지키고

천연기념물 제30호로 지정된 양평 용문사 은행나무. 신라시대 의상대사가 땅에 꽂은 지팡이가
자란 것이란 설화가 전해온다. 높이가 무려 42미터에 이른다.

있다. 수많은 전란戰亂에도 불타거나 베어지지 않고 살아남았으니 뛰어난 생명력이 놀라울 뿐이다. 풍상을 거치며 오랜 세월 자리를 지켰기에 '천왕목天王木'이라는 별명도 갖고 있다. 정미년丁未年 의병 항쟁 당시 일본군이 용문사에 불을 질렀지만 은행나무는 화마를 피했다. 아주 오래 전 어떤 사람이 은행나무를 자르려고 톱을 대는 순간 피를 쏟으며 쓰러지고, 천둥이 쳤다고 한다. 용문사 은행나무는 나라에 변고가 있을 때는 소리를 내어 알렸다. 고종이 세상을 떠났을 때 큰 가지 하나가 부러져 떨어졌다.

용문사 은행나무는 세종 무렵 당상堂上 직첩職牒을 받았다. 당상은 정3품에 해당하는 벼슬이며, 직첩이란 조정에서 내린 임명장이다. 정3품이면 현재 공무원 1급에 해당하는 중앙부처의 차관과 국장 사이의 고위직이다.

나옹화상 주장자가 자란 신륵사 은행나무

남한강변에 자리한 여주 신륵사神勒寺. 사실상 고려의 마지막 왕사王師인 보제존자普濟尊者 나옹화상(懶翁和尙, 1320~1376)이 평소 짚고 다니던 지팡이(주장자)를 꽂은 것이 자란 은행나무가 있다. 은행나무는 600년 세월을 넘기며 도량을 지키고 있다.

신륵사는 고려말 개혁을 추진하다 실패한 공민왕의 스승인 나옹화상이 입적한 도량이다. 보물 제228호 보제존자석종普濟尊者石鐘과 보물 제229호 보제존자석종비普濟尊者石鐘碑도 신륵사에 있다. '석종石鐘'은 나옹화상 부도가 종 모양으로 생겨 붙은 이름이다.

경내에는 보물 제180호 조사당祖師堂이 있는데, 나옹화상을 비롯해 지공대사指空和尙와 무학대사無學大師의 영정影幀이 봉안돼 있다. 불단 중앙에 나옹화상 스승인 '서천국西天國 박타존자薄陀尊者 지공대화상指空大和尙' 진영을 모시고 왼쪽에는 '조선국 태조 왕사 무학대화상', 오른쪽에는 '고려국 공민왕사 나옹대화상 영정'을 모셨다. 삼화상 영정 앞에는 나무로 조성한 나옹화상 상像이 주장자를 가로 뉘어 손에 쥐고 있다. 주장자는 별다른 치장 없이 소박하다.

나옹화상은 고려 충목왕 3년(1347)에 원나라 연경(燕京, 지금의 베이징)에서 서천국(西天國, 인도)에서 온 지공화상의 법을 이었다. 무학대사는 나옹화상에게 가르침을 받았다. 조선 태조가 무학대사를 위해 조사당을 세웠다는 설이 있지만, 예종睿宗 때 신륵사를 중수할 당시 만든 것으로 보인다. 세분의 부도와 진영은 양주 회암사에도 모셔져 있다.

이처럼 신륵사는 나옹화상과 인연이 깊은 도량이다. 나옹화상은 공민왕이 세상을 떠나고 우왕 2년(1376)에 모함을 받아 밀양 영원사로 떠나게 되었다. 육로로 가는 길에 병이 도져 뱃길을 이용하게 되었는데, 호송 관원은 탁첨卓詹이었다. 신륵사에 도착한 나옹화상은 탁첨의 재촉에도 떠나지 않다 그해 음력 5월 15일 입적했다. 스님 세수 56세였다. 세연이 다해 돌아가신 것인지, 아니면 또 다른 사연이 있었는지 정확하지는 않다. 나옹화상은 공민왕 20년(1371) '왕사王師 대조계종사大曹溪宗師 선교도총섭禪敎都摠攝 근수본지중흥조풍복국우세보제존자勤修本智重興祖風福國祐世普濟尊者'에 봉해졌다.

나옹화상의 주장자를 땅에 심어 자란 은행나무는 높이 22m, 둘레 3.1m, 2.7m이다. 1982년 10월15일 경기도 보호수로 지정됐다. 불, 법, 승 삼보 또는 지공, 나옹, 무학 대사를 상징하는 듯 세 줄기 가지를 중심으로 무성하다. 여름에는 싱그러움과 그늘을 선사하고, 가을에는 황금빛을 뽐낸다. 눈 내린 겨울에도 어김없이 자리를 지키며 나왕화상의 자취를 전하는 것 같다.

지금도 세인들이 좋아하는 '청산은 나를 보고'는 나옹화상의 선시禪詩로 유명하다. 스님이 입적한지 640년이 넘는 세월이 흘렀지만 탐진치 삼독에 빠져 사는 후인들에게는 여전히 유효한 가르침이다. 신륵사 은행나무가 스님의 법문을 대신 하는 것 같다. "청산은 나를 보고 말 없이 살라 하고, 창공은 나를 보고 티 없이 살라 하네, 탐욕도 벗어 놓고 성냄도 벗어 놓고, 물같이 바람같이 살다가 가라 하네"

남한강변 동대東臺에 전탑塼塔이 있어 '벽절'이라고도 불리는 신륵사는 신라 제26대 진평왕(재위 579~632) 무렵에 원효대사(元曉大師, 617~686)가 창건했다는 설화가 전하는 고찰古刹이다. 원효 스님이 7일 기도를 하자, 아홉 마리의 용이 연못에서 나와 하늘로 올라갔다고 한다. 그 자리에 절을 세우니 지금의 신륵사이다.

신륵사神勒寺라는 사명寺名에 대해선 나옹화상, 인당대사印塘大師와 관련된 설화가 전한다. 고려 우왕 때 남한강변의 마암馬岩 인근에 나타난 용마龍馬가 주민들을 괴롭히자 나옹화상이 '신기한 굴레'를 사용해 다스렸다. 이보다 앞서 고려 고종 무렵에는 인당스님이 용마의 고삐를 잡아 순응케 했다고 한다.

보조국사가 심은 청도 적천사 은행나무

경북 청도군 화악산華岳山에 자리한 적천사磧川寺는 유구한 역사를 지닌 사찰이다. 신라 문무왕 4년(664) 원효대사가 창건하고 흥덕왕 3년(828) 심지왕사心地王師가 중창했다. 심지 스님은 흥덕왕의 셋째 왕자이다.

고려 시대에는 보조국사普照國師가 500여 명의 대중이 정진할 수 있는 가람으로 사격寺格을 키웠다. 이때가 명종 5년(1175)이었다. 500여 명이 모여 공부하는 도량이니 전각과 암자가 여럿 필요했다. 전각 가운데 영산전은 오백나한을 모셨다. 보조국사가 500명의 대중과 함께 수행했다는 이야기도 오백나한과 관련이 있다. 보조국사가 영산전을 비롯해 청련암, 백련암, 목탁암 등의 암자를 세웠지만, 임진왜란으로 불 타는 아픔을 겪었다. 조선 헌종 5년(1664) 복구를 시작해 숙종 20년(1694) 태허 스님이 중수했다.

보조국사가 적천사를 주석할 당시 화악산에는 도적들이 무리를 짓고 있었다. 양민을 괴롭히는 것은 물론 불사佛事도 방해했다. 보조국사가 도적들에게 "부처님을 모신 도량을 세우고자 하니 이 곳에서 물러가라"고 요구했다. 도적들은 말을 듣지 않고 계속 훼방했다. 보조국사는 가랑잎에 한자로 호랑이를 나타내는 범호(虎) 자를 써서 산에 뿌렸다. 그러자 가랑잎이 호랑이로 변했다. 이를 보고 깜짝 놀란 도적들이 겁을 먹고 모두 도망갔다. 백성들도 더 이상 도적들의 괴롭힘을 받지 않았으며 불사도 원만하게 성취할 수 있었다.

적천사에는 보조국사와 인연이 있는 은행나무가 오랜 세월을 지켜오고 있다. 나이가 800살 정도로 추정되는 적천사 은행나무는 높이 25.5m, 둘레 8.7m로 웅장한 자태를 자랑한다. 보조국사가 짚고 다니던 지팡이를 땅에 꽂았는데 뿌리를 내려 자랐다고 한다. 보조국사 지팡이, 곧 주장자가 지금의 거대한 은행나무로 성장한 것이다. 특이하게도 3m까지는 외줄기인데, 그 위로 동·서·북쪽으로 3개의 가지로 나뉘어 있다.

1998년 12월 천연기념물 제402호로 지정한 문화재청은 "우리나라에서는 흔히 볼 수 없는 유주乳柱 발달의 특징을 보여주고 있다"면서 "오랜 세월 조상들의 관심과 보살핌 가운데 살아온 나무로 생물학적, 민속적 자료로 가치가 높아 천연기념물로 지정 보호하고 있다"고 밝혔다.

은행나무 앞에는 조선 숙종 20년(1694) 보조국사가 은행나무를 심은 것을 기념한 비석 '축보조국사수식은행수게築普照國師手植銀杏樹偈'가 서 있다. 비석을 세운 이는 태허 스님이다. 보물 제1432호로 지정된 '청도 적천사 괘불탱掛佛幀 및 지주支柱의 조성 시기가 1695년 이어서, 태허 스님이 도량 중수 당시 비석도 함께 세운 것으로 보인다.

막걸리 마시는 운문사 소나무

절집에 있는 소나무가 매년 막걸리를 마신다. 청도 운문사 앞뜰에 있는 나이 500살 정도 된 노송老松이 그 주인공이다. 높이는 6m, 가슴 높이 둘레 3m, 밑동 둘레 3.5m로 웅장한 규모이다. 가지 길이도 동쪽 8.5m, 서쪽이 9.3m, 남쪽 10.4m, 북쪽이 10m나 된다. 오랜 세월을 증명하듯 가지가 처져 있어 '처진 소나무'라는 재미난 별명으로 불린다. 가지가 옆으로 낮게 퍼져 반송盤松이라 했지만, 키가 작지 않고 사방으로 퍼지며 처지기에 '처진 소나무'라 부른다. 가지를 보호하기 위해 지지대를 세워 놓았지만, 여전히 푸르름을 뽐낸다. 1966년 8월 천연기념물 제180호로 지정됐다.

이 소나무는 아주 오래전 한 스님이 지팡이를 땅에 꽂아 자라났다는 설화가 전해온다. 법명이 무엇인지 알려지지 않은 이 스님이 호거산虎踞山 절에 잠시 머물 때 시든 소나무 가지를 지팡이로 사용하다 땅에 꽂고, 생기生氣를 불어 넣는 기도를 해서 살렸다는 전설이다.

운문사는 신라 진흥왕 21년(560) 한 신승神僧이 창건하고, 진평왕 30년(608) 원광국사圓光國師가 제1차 중창을 했다. '호랑이가 웅크리고 있는 형상'을 한 호거산은 지명에서 알 수 있듯이 산세가 험하고 사람들의 발길이 미치지 않았다. 다만 스님들이 수행처로 삼아 도량을 만들고 정진했을 뿐이다. 원광국사가 화랑 귀산과 추항에게 '세속오계世俗五戒'를 준 도량이 바로 운문사이다.

그 뒤로 고려를 건국한 태조 왕건을 도운 보양寶壤 스님이 중창해 오갑사五岬寺로 불렸다. 고려 태종 26년(943) 왕건은 보양 스님에 보답하는 뜻으로 '운문선사雲門禪寺'라 사찰 이름을 지어 사액賜額했다. 이 해 음력 5월29일 왕건이 세상을 떠났으니, 마지막 사액일 가능성이 크다. 운문사라는 이름도 이때부터 시작된 것이다. 고려 숙종 10년(1105) 원응국사가 중창하고 고려 제2의 선찰禪刹로 삼았다.

이후 사사寺史는 정확히 전해오는 바가 없다. 다만 임진왜란으로 도량 일부가 불탄 것을 설송雪松, 운악雲岳, 긍파肯坡 대사가 차례로 중창했다는 기록으로 보아, 조선 중기까지 사격寺格을 유지하고 있었던 것으로 보인다. 뒤를 이어 고전古典, 금광金光 선사가 도량을 정비했다. 현대 들어 명성明星 스님이 주석하며 도량을 일신했다. 지금은 30여 동의 전각을 갖춘 대찰大刹이 되었다.

운문사의 '처진 소나무' 나이는 대략 500살 정도로 추정되니, 조선 중종(中宗, 재위 1506~1544) 무렵에 심은 것으로 보인다. 임진왜란과 한국전쟁 등의 전란으로 운문사 도량이 소실되는 피해를 입었다. 그러나 소나무는 칡덩굴이 감겨 있어 불길을 피할 수 있었다고 한다.

운문사 스님들은 500년 이상 도량을 지켜온 소나무를 정성껏 돌보고 있다. 비구니 스님들의 교육기관이 있기에 날이 좋을 때면 소나무 그늘에 앉아 경전을 공부한다. 또한 매년 봄(음력 3월3일)에는 물을 탄 막걸리를 소나무 주위에 뿌려주기도 한다. 음주飮酒를 삼가야 하는 불가佛家이지만, 노송老松의 건강을 위해 방편을 쓴 것이니 불보살님도 이해할 것이다.

용의 기운 넘치는 오봉산 석굴암 천룡송

서울 근교의 양주에는 오봉산五峰山이 웅장한 자태를 자랑한다. 조선시대 한양과 북쪽을 잇는 요충지에 자리한 오봉산은 지금은 서울시민과 경기도민의 편안한 휴식처로 자리매김했다. 오봉산은 1968년 김신조 등 북한 무장간첩들의 이동 통로로 사용된 우이령 길이 지난 2009년 41년 만에 개방되면서 전국에서 인파가 몰리고 있다. 명품 생태 탐방로로 다시 태어났다.

우이령 길 인근에 자리한 '아름다운 절'이 있으니, 석굴암石窟庵이다. 사찰 이름 그대로 '석굴石窟'이 있기 때문이다. 인위적으로 조성한 것이 아니라 자연적으로 만들어진 석굴에 오백나한羅漢을 모시고 있다. 신라 시대 의상대사가 창건했다는 설화와 도선국사가 절을 세웠다는 설화가 공존하는 도량이다. 고려시대에는 공민왕 왕사王師 나옹화상이 주석하고, 조선시대에는 단종의 비妃 정순왕후定順王后 원찰願刹이었다고 한다.

일제강점기와 한국전쟁을 거치며 도량이 폐허가 된 것을 동암東庵 스님의 제자 초안超安 스님이 휴전 후 복원불사를 시작했다. 지금은 상좌 도일度一 스님이 노스님과 은사의 유지를 이어 40년째 사격寺格을 일신하기 위해 노력하고 있다. 전국 어디에 내 놓아도 손색이 없을 만큼 아름다운 풍광을 간직한 석굴암에는 350여년 세월을 품은 소나무가 도량을 장엄하고 있다. 해를 묵으면서 더욱 기품이 있고 늠름해지니 보는 이들마다 찬탄을 아끼지 않는다.

대웅보전과 다선루茶禪樓 사이에 자리 잡고 있는 천룡송千龍松이 그것이다. 마치 하늘을 향해 비상飛上하는 용처럼 소나무 가지들이 사방으로 힘차게 뻗어있다. 350여 년 전 한 노승老僧이 우연히 찾은 석굴암에서 기도를 하고 난 후 환희심이 일어 짚고 온 지팡이(주장자)를 도량 한편에 심은 것이 자라 지금에 이르렀다고 한다. 오봉산에 오를 때는 지팡이를 사용했지만 기도를 마치고 돌아갈 때는 필요 없을 정도로 가피를 받았다는 것이다. 소나무와 석굴암이 1000년 이상 영원히 이어지길 바라는 마음과 용처럼 기운이 넘치길 바라는 염원에서 천룡송이란 이름이 붙었다.

그 뒤로 오봉산 석굴암을 지킨 천룡송은 한국전쟁 당시 치열한 전투 속에서도 상처 하나 입지 않았다. 다른 소나무들이 전쟁이나 산불 등으로 사라지는 경우가 적지 않았지만 천룡송 만큼은 변함없이 생명을 유지했다. 가지가 사방으로 뻗은 천룡송은 마치 묵묵히 정진하는 수행자를 보는 것 같다.

석굴암은 350여 년간 자리를 지키고 있는 천룡송을 위해 매년 음력 3월 3일 '막걸리'를 공양한다. 오래된 전통이다. 비록 천룡송이 불가佛家에 있지만, 오계五戒의 하나인 '불음주不飮酒'를 365일 가운데 유일하게 어길 수 있는 날이다.

동진 출가하여 50여 년째 석굴암에 주석하고 있는 도일 스님은 "예로부터 소나무는 우리 한국 사람과 가장 가까운 나무로 어디 하나 버릴 곳이 없다"면서 "특히 석굴암 천룡송의 기운 넘치는 모습과 아름다움은 수행의 길을 올곧게 걷는 출가자와 다름없다"고 전했다.

한편 북한산 국립공원에 자리한 오봉산 석굴암에는 천룡송 외에도 크고 작은 소나무가 여럿 있다. 오랜 기간 출입이 통제된 까닭에 사람 발길이 비교적 덜 닿아 소나무들의 생육生育 상태가 좋은 편이다. 이밖에도 명자나무, 원추리, 주목, 영산홍, 애기똥풀, 애기나리, 제비꽃, 수수꽃다리, 고깔제비꽃 등 다양한 나무와 식물이 사찰 곳곳에 자라 마치 화엄세계華嚴世界를 구현한 것 같다.

350여년의 세월이 흐르는 동안 묵묵하게 오봉산 석굴암을 지키고 있는 천룡송이 한 겨울 추위에도 변함이 없다.

'문고리만 잡아도 성불하는' 벽송사의 도인송

민족의 영산靈山 지리산 북쪽 칠선 계곡 인근에 자리한 벽송사碧松寺. 행정구역은 경남 함양군 마천면이다. 정확한 창건 연대는 알기 어렵다. 현 위치보다 50m 위쪽 옛 터에 남아 있는 보물 제474호 삼층석탑 양식을 통해 신라 말이나 고려 초에 사찰이 세워진 것으로 보인다.

『벽송사사적기』에 따르면 조선 중기인 중종 15년(1520) 벽송지엄(碧松智嚴, 1464~1534) 선사가 중건했다. 다른 사찰과 달리 수좌首座들이 정진하는 선원禪院을 중심으로 전각을 배치했다. 관세음보살을 모신 원통전圓通殿도 선원 뒤에 있다. 벽송지엄 선사에 이어 청허휴정(1520~1604), 부휴선수(1543~1615), 청매인오(1548~1623), 환성지안(1664~1729), 호암체정(1687~1748) 선사 등 108명의 스님들이 수행했다. '백팔조사百八祖師 행화도량行化道場'으로 불리는 이유도 여기에 있다. 조계조정曹溪朝庭, 벽송총림碧松叢林, 선교겸수禪敎兼修, 간화도량看話道場이란 별칭도 전한다.

'벽송사 선방 문고리만 잡아도 성불成佛한다'는 말이 나올 정도로 전국 각지에서 수많은 납자衲子들이 찾아와 정진하는 도량이다. 한국 선불교 최고의 종가宗家라는 자부심을 간직한 수행처이다.

지금은 접근성이 나아졌지만, 한국전쟁 때는 민간인은 물론 군인들도 출입하기 어려운 절이었다. 빨치산들이 은신하기 좋은 이곳을 택해 야전병원으로 사용했다. 산세가 험하고 마을과 멀리 떨어진 벽송사 주변은 국군과 빨치산이 '마지막 격전'을 펼친 곳이다. 그 과정에서 벽송사 전각들은 화마에 스러졌다.

1960년대 이후 법당과 선원 등 건물을 지어 지금에 이르고 있다. 단청을 하지 않은 모습이 소박하다. 사찰이 전소되는 아픔을 겪었지만 사시사철 아름다운 풍광이 참배객들의 눈과 발을 사로잡는다. 특히 봄에는 산벚꽃과 개복숭아꽃이라 불리는 능수홍매화가 활짝 펴 도량을 '꽃의 바다'로 만든다.

벽송사를 참배할 때 반드시 봐야 할 것이 있다. 선원 뒤에 자리한 도인송道人松이 그것이다. 나이가 300여 살로 짐작되는 거대한 소나무이다. 높이는 35m, 둘레는 1.2m에 이른다. 2011년 함양군에서 보호수로 지정했다. 하늘을 향해 높이 뻗은 가지와 빼어난 몸매는 늠름한 장부丈夫의 기상을 보는 것 같다. 도인송은 말 그대로 벽송사에서 도인이 많이 나왔기에 붙은 이름이다. 또한 정진하는 도중 잠시 쉬거나 산책을 할 때에도 소나무 아래에서

조선 중기 벽송지엄 스님이 중건한 벽송사에는
선원 뒤로 도인송(왼쪽)과 미인송(오른쪽)이 도량을 외호하고 있다.

하늘을 향해 가지를 뻗은 벽송사 도인송이 대장부의 기개를 보여준다

도 화두를 놓지 않았던 스님들의 수행정신을 기린다. 300여 년 전 한 스님이 주장자를 땅에 꽂았는데, 이것이 자라 지금의 큰 소나무로 자랐다는 이야기가 전한다.

벽송사 도인송을 바라보며 머리를 숙인 소나무가 한 그루 있다. 미인송美人松이란 예쁜 이름을 갖고 있다. 이 나무는 조선 숙종 당시 벽송사를 중창한 환성지안(喚惺志安, 1664~1729) 선사를 연모한 처자의 마음이 들어있다고 한다. 사랑을 고백했지만 받아들이지 않고 오직 수행에만 몰두한 스님에 대한 애절한 마음이 미인송이 되었다는 것이다. 화엄학華嚴學의 대가인 환성 스님은 억불숭유의 조선시대에 불교를 일으켜 세운 선지식으로 1725년 모악산 금산사에서 연 화엄법회에는 1400여 명이 운집했다고 한다.

벽송사 안내판에는 도인송과 미인송에 대해 다음과 같이 설명하고 있다. "도인송의 기운을 받으면 건강을 이루고 한 가지 소원이 이루어지며, 미인송에 기원하면 미인이 된다는 말이 전해 내려오고 있다."

주장자拄杖子 >> 5부.

큰스님 주장자 법문

법문 1.

경봉 스님

—

법좌에 올라 주장자拄杖子를 세 번 치고 이르시기를,

항상 말하지만 법문은 말로 할 수 없고 글로도 할 수 없는 것이다. 우리가 모든 분별을 쉬고 입정入定하고 있었는데 누워있던 주장자를 들어서 대중에게 보이고 다만 선상禪床을 세 번 쳤을 뿐이다. 그리고 종사宗師가 법좌에 오르기 전에 법문이 다 되었고 대중이 법문을 들으려고 자리에 앉기 전에 법문이 다 되었다. 이것이 종사宗師가 거량擧量하는 법문이다.

지금은 절후가 여름철인데 날씨가 더웠다가 잠시 시원하기도 하고 구름이 일었다가 흩어지기도 하며 온갖 기이한 조화를 다 부린다. 이렇게 구름이 조그맣게 피어 오르는 듯 하더니 온통 하늘을 뒤덮다가 또 흩어지곤 하는 이 가운데에 불법佛法의 적실的實한 뜻이 있으니 구리눈동자[銅睛] 쇠눈[鐵眼]으로 보아라.

江南山獄秀강남산옥수	강남엔 산악이 빼어났고
扶桑一點紅부상일점홍	동해엔 한 점의 태양이 빛나네
公不容針공불용침	공으론 바늘 끝도 용납될 수 없지만

私通車馬사통차마　　　사사로이는 수레와 마바리로도 통한다네
模爲公私混沌모위공사혼돈　　　공과 사를 혼돈치 말아야 되나니

누구든지 잠을 자다 꿈을 꾸게 된다. 꿈을 꾸고 나서 이것을 해몽解夢하려고 하는데 왜냐면 이 꿈이 나에게 좋은 꿈인가 나쁜 꿈인가 알고 싶어서이다. 아무 것도 아닌 허망하기 짝이 없는 꿈같은 꿈을 해몽할 필요가 없는 것이다.

달마 스님도 꿈을 꾸고 나서 해몽하지 말라고 하였다.

예전에 있었던 일이다. 어느 나라에 꿈을 해몽해주고 살아가는 이가 있었다. 그 나라 임금이 그 사실을 알고 생각하기를 "꿈이란 허망한 것이다. 더욱이 꿈을 해몽해주고 살아간다니 이것은 반드시 사람을 속이고 물건을 받는 짓일 것이다. 벌을 주어야 겠구나" 하고서는 그 해몽하는 이를 대궐로 불러 들였다.

임금이 억지를 대서 그 사람을 죽이려고 하는 말이 "짐이 간밤에 꿈을 꾸었는데 대궐에 기왓장 하나가 비둘기가 되어 날아가더라. 이것이 무슨 조짐이냐?" "예 그것은 궁중에서 어느 한 사람이 죽을 징조입니다." "저놈을 옥에 가두어라"

임금은 꿈을 꾸지도 않고 그런 황당한 이야기를 꾸며 댔는데 그것을 해몽하였으니 틀림없이 엉터리 같은 수작일 것이라고 자신만만해서 하루를 지내보고 요사스럽다는 죄목으로 죽이려고 한 일인데 막상 한나절이 지나자 갑자기 궁녀들이 싸움을 해서 궁녀 하나가 죽었다.

임금은 꾸지도 않은 꿈 이야기를 지어서 하였을 뿐인데 해몽한대로 사람이 죽었으니 하도 이상해서 그 해몽하는 이를 불러다 물었다. "네가 꿈을 해몽해 주고 살아간다 하기에 짐이 생각해보니 꿈이란 것이 허망하기 이를 데 없는 것인데 사람들을 속이는 것이 아닌가 하고 널 죽이려고 일부러 꾸지도 않은 꿈을 꾼 것처럼 말했는데 해몽한 것과 같이 사람이 죽었으니 어찌된 일이냐?"

"예, 실은 꿈이란 허망한 것입니다. 그리고 임금님께서 잠 속에 꾸는 것만이 꿈이 아니라 눈을 뜨고서도 한 생각 일어나면 그것이 곧 꿈이라 그렇게 된 것입니다."

즉, 좋은 생각이든 나쁜 생각이든 한 생각 일어나면 그것이 곧 꿈이다. 그 임금도 아주 영특한 임금이라 그 사람에게 상을 후하게 주어 돌려보냈다 한다. 그 임금의 말대로 꿈은 허망한 것이다. 어떤 꿈을 꾸어도 생각할 것 없고 낮에 생각했던 것이 밤에 일어나는 생리적 작용에 지나지 않는 것이니 무슨 꿈을 꾸더라도 해석하려고 하지 말고 관심 가질 것도 없다. 부처님의 올바른 법法을 믿고 수행하는 이들은 항상 올바른 생각으로 자신을 지키고 생각이 진실하면 항상 편안한 것이다.

가고 오는 것이 도道 아님이 없고, 삼라만상이 도 아님이 없고, 잡고 놓는 것이 선禪 아님이 없는데 처음 배우는 이들은 이렇게 말만 듣고 알아도 안 된다. 날개도 나지 않은 새가 날려고 하다 떨어져 죽게 되는 격이다.

선禪에 대해서 여섯 가지 묘문妙門이 있다. 이것은 참고삼아 들어서 취할 것은 취하고 버릴 것은 버리지, 꼭 그렇게 하라는 말은 아니다. 그리고 화두話

頭를 들다가 화두를 버리고 이것을 하라는 말도 아니다. 참고적으로 한 번 들어 두라는 말이다.

첫째 수식관數息觀이 있다. 이 수식관을 하면 망상妄想이 복잡하게 일어날 때 숨을 고르면 망상이 어느 정도 잦아진다. 숨을 쉴 때 들여 쉬고 내쉬는 이것을 열까지 세고 버린다. 왜 열까지 세고 버리느냐 하면 열이 넘으면 망상이 생긴다. 들어가는 숨을 세고 나오는 숨도 세면 분별이 많아지니 들어가는 숨은 빼고 나오는 숨만 세는 수도 있다. 열 번씩 세다 혹은 세 번이나 다섯 번이나 일곱 번까지 세다 망상이 생기면 잘못 세었다고 처음부터 다시 센다. 열 번까지 가지 말고 이렇게 숨을 세는데서 다른 생각이 들어 올 수 없기 때문에 정신이 집중이 된다. 이것을 수식관이라 한다.

두 번째는 수문隨門인데 미세한 생각이 숨을 따라 들어가는데 들어가는 것도 알고 나오는 것도 아는데 길고 짧고 차고 더운 것을 이와 같이[如來] 안다. 그 모든 선이 이것으로부터 발하는 것을 수문이라 한다.

세 번째는 지문止門이다. 이 숨 쉬는 마음이 고요하고, 고요히 하는 것을 지止란 한다. 즉 이 마음이 본래 고요한 것이지만 생각의 파도가 분주스럽다. 그래서 지극히 고요한데 들어가야 맑아지고 맑아지면 밝아지고 밝아지면 통한다. 지극히 고요한데 들어가야 한다. 본래 고요한 자리이건만 자기 스스로 망상분별을 일으켜 그 생각파도가 출렁인다. 지극히 고요한데 들어

가서 그 마음이 밝고 밝아지면 편안해진다. 그래서 지止를 의지하여 생각이 고요하고 요란치 않는 이것을 수隨를 버리고 지지를 닦는 문이라 한다. 마음에 파동이 없으면 모든 선禪이 정定하여지니 이것을 지문이라 이름한다.

네 번째 관문觀門이다. 분별을 방편으로 끊는 것을 이름 하여 관觀이라 한다. 수행하는 이가 지문을 인因해서 제선諸禪을 증득하나 지혜를 밝히지 못하면 밝지 못한 마음이 모든 선정禪定에 혼미하여지나 마음을 관觀하여 오음五陰의 헛됨을 분별해서 알면 전도顚倒가 이미 없어져 샘이 없는[無漏] 방편이 이로부터 개발됨으로 관觀으로 문을 삼는다.

다섯 번째 환문還門이다. 마음을 굴려서 돌이켜 비추는 것을 환문이라 한다. 수행자가 관조觀照하는 것을 닦더라도 만약 내가 능히 관觀하고 비추어서 전도심顚倒心을 파하더라도 '나'라고 하는 의혹이 오히려 외도外道들 보다도 더 큰 것이 남기 때문에 마땅히 마음을 굴려 능히 마음을 관조하여 헛된 가운데는 참됨이 없는 줄 요달了達하면 그 관조觀照함으로써 생기는 나를 집착하는 전도됨이 없어지고 샘이 없는[무루] 방편의 지혜가 자연히 밝음으로 환還으로써 문을 삼는다.

여섯 번째 정문淨門이다. 마음이 의지할 바가 없으면 망심忘心의 파도가 일지 않는 것을 정淨이라 한다. 수행자가 환還을 닦을 때에 능히 전도심을 관조觀照하여 파하더라도 참으로 밝아 무루無漏의 지혜가 밝지 못하면 능소能所

가 없는 곳에 머무름이니 곧 한 생각을 받는 것이다. 그러나 마음의 지혜가 더러움에 물듦이 없으나 이렇게 깨달아 알면 머무름에 집착도 하지 않고 밝고 청정한 즉, 참되고 밝은 것이 이것을 말미암아 개발된다. 곧 삼계三界에 얽힌 의혹을 끊고 삼승三乘의 도를 증득함이니 이것이 정淨으로써 묘문妙門을 삼는 것이다.

위에서 말한 것을 육통묘문六通妙門이라 한다. 차례로 서로 통하여 참으로 묘한 열반에 이르는 것이다. 이것이 수행자의 방편문이다. 하지만 말과 글로써 하루 종일 말하고 십년백년을 말하더라도 말은 말이요, 글은 글일 뿐이다. 어찌 이 도리를 거량擧量할 수 있겠는가.

洛東江水流無盡낙동강수류무진 낙동강은 흘러 흘러 끝이 없는데
大海漁船去復廻대해어선거복회 큰 바다엔 고깃배만 오락가락 하누나.

- 경봉 스님 '육통묘문六通妙門'에서

법문 2.

성철 스님

—

그대에게 주장자가 있으니 그대에게 주장자를 주고

그대에게 주장가가 없으니 그대에게서 주장자를 빼앗는다.

개구리는 범을 삼키고 사자는 병든 개로 변하니

무쇠를 팔아서 금을 사고 교묘함을 장난하여 옹졸함이 되었네.

남산에 구름 일어나니 북산에 비 내리고

동쪽 집에서 바라 치니 서쪽 집에서 춤 춘다.

주장자가 있는데 어째서 주장자를 주며, 주장자가 없는데 어째서 주장자를 빼앗는다고 하는 것입니까. 혹 이것을 잘못 해석하면 주장자를 쓸 수 있는 능력이 있으면 주장자를 주지 않는다고 오해하는 사람들이 많이 있는데 절대로 그런 뜻이 아닙니다. 또 어찌 개구리가 범을 집어 삼키고 사자가 변해 병든 개가 될 수 있냐는 것인데 여기에 깊은 뜻이 있습니다.

쇠 같은 못 쓸 것을 팔아 금덩어리를 얻고 아주 묘한 재주를 가진 사람이 결국 아무짝에도 못 쓰는 사람이 되었더라 하니 이건 서로 반대입니다. 그런데 남산에 구름이 일어나는데 비는 북산에서 오고, 바라는 동쪽에서 치는데 춤은 서쪽 집에서 추더라는 것입니다.

이 뜻을 알면 그 앞에서 말한 주장자가 있으면 주장자를 주고 주장자가 없으면 주장자를 주지 않는다는 뜻을 확실히 알 수 있는 것입니다.

분양汾陽 스님이 대중에게 말했습니다. "주장자를 알면 한평생 공부를 마치느니라." 늑담泐潭 스님이 말했습니다. "주장자를 알면 지옥에 떨어지는 화살 같도다."

두 스님은 천고에 유명한 대도인 스님인데 어째서 한 분은 주장자를 바로 아는 것 같으면 "공부를 다 성취했다" 하고 한 분은 주장자를 바로 알면 "지옥에 떨어지기를 화살같이 한다"고 말했을까 하는 의문입니다. 그러니 두 스님 가운데 한 분은 틀리지 않았겠냐는 것입니다. 그렇지만은 거기에 서로 깊은 뜻이 있습니다.

이 법문에 대해서 스님께서 다음과 같이 착어하였다.

> 법으로는 바늘 하나도 용납하지 않으나 사사私事로는 수레와 말이 통하느니라.

낭야혜각廊揶慧覺 선사가 송하였다.

분양의 주장자여,

천하에 참선하는 이를 달음질치게 하니

가을바람은 화살 같이 빠르고 봄비는 기름같이 부드럽네.

이 법문에 대해서 스님께서 다음과 같이 착어 하셨다.

그대는 남쪽 축상瀟湘으로 가고 나는 북쪽 진秦나라로 가노라.

지해본일智海本逸 선사가 상당하여 이 법문을 들어 말하였다.

"이 두 큰스님이 한 사람은 나오고 한 사람은 들어가며. 반은 합하고 반은 여니 이는 방패와 창이 서로 마주침이다. 천복은 그렇지 않아 주장자를 아니, 달을 그리매 찬 빛이 있고, 구름을 가리키니 가을 조각이 옮겨간다."

이 법문에 대해서 스님께서 다음과 같이 착어하였다.

추운 곳에 불을 피우고

시끄러운 시장에서 조용히 망치를 친다.

운문雲門 스님이 주장자를 들어 대중에게 보이고 말하였다.

"주장자가 변화하여 용이 되어 하늘과 땅을 삼켜 버렸다. 그렇다면 산하대지를 어느 곳에서 보겠느냐?"

이 법문에 대해서 스님께서 다음과 같이 착어하였다.

가는 것은 물이 끝난 곳에서 다하고
앉아서 구름 일어남을 보는 때로다.

가다가다 저 깊은 산 속을 가다 보면 구경의 물이 나는 수원지 그 곳에서 길이 완전히 끊어져 버리고, 가만히 앉아서는 구름이 뭉게뭉게 피어나 하늘에 둥둥 떠다니는 것을 보는 때라는 것입니다. 이 뜻을 바로 알면 운문 스님이 주장자가 용이 되어 삼천대천세계를 삼켰는데 산하대지를 어느 곳에서 찾을 수 있느냐, 하는 뜻을 확실히 알 수 있습니다.

삽계익霅溪益 선사가 송하였다.

산은 첩첩하고 물은 철철 넘치니
하늘가에 노는 이는 빨리 돌아오리로다.
용문龍門을 뚫으려 하니 복숭아꽃 물결쳐 흐르고
바람과 우뢰를 기다림이 언제부터인가?
집에 돌아오니 아무 일 없고
연기 가득 찬 마을에 두견새 울음만 들리네.

실지로 내가 참으로 공부를 열심히 해서 도를 성취해 가지고 공안을 터득하여 자성을 완전히 깨쳐서 보니 다른 일은 아무 것도 없고 연기가 가득 한 마을에 두견새가 울고 있더라는 것입니다. 이 뜻을 바로 알면 운문 스님 법문의 뜻을 분명히 알 수 있습니다.

이 법문에 대해서 스님께서 다음과 같이 착어하였다.

> 한 점 물먹이 두 곳에서 용이 되도다.

이에 주장자를 세우고 말씀하였다.
"분양과 운문의 주장자는 묻지 않거니와 말해 보라.
이에 주장자는 필경 어느 곳에 떨어져 있느냐?"

앞의 분양 스님과 운문 스님의 주장자 법문을 분명히 알 것 같으면 이 주장자가 떨어져 있는 곳을 분명히 알 것입니다. 그렇지만 앞의 법문을 알지 못하면 이 주장자가 떨어진 곳을 전혀 알지 못합니다.

주장자를 한 번 내려치고 말씀하였다.

> "천둥 치는 한 소리에 천지가 무너지니
> 천문天門과 만호萬戶가 모두 활짝 열리네."

- 성철 스님 '본지풍광本地風光'에서

법문 3.

성수 스님

—

인연 있는 영가靈駕를 위하여 법상法床에 올랐으니, 여기 모인 대중과 잠시 생사生死 해탈법을 생각해 볼까 합니다. 오늘 인연 있는 영가는 49일 전에는 모두 어머니니 아버지니 하고 불렀는데, 49일 지난 오늘의 부모는 그 때의 부모와 같으냐? 다르냐? 주장자로 쾅 쾅 쾅.

일타주장一打拄杖 진망괴眞妄壞하면

활안개시活眼開時 무변춘無邊春이로다.

나무아미타불

오늘 영가나 사부대중은 이 주장자 소리에 진眞과 망妄이 뚝 끊어지면 그 맑은 눈앞에는 가이 없는 봄이다 했습니다.

눈만 밝으면 처처에 안락국安樂國이요,

눈이 어두우면 자욱자욱이 사지死地일뿐,

눈이 밝으면 하는 일마다, 가는 곳마다 안락이니

영가나 사부대중은 꼭 영가법문이라 해서 영가에게만 하는 것이 아니라, 영가나 우리나 똑같습니다. 유명幽明만 달리한 것뿐이고, 모양만 달라진 것뿐이지 똑같습니다. 그러나 오늘의 영가들은 먹고 입는 생각이 뚝 끊어졌기 때문에 이 산승의 말을 모두 받아들이지만, 아직 먹어야 되고 입어야 되는 중생은 먹는 데 안 끌릴 수 없고, 입는 데 안 끌릴 수 없기 때문에 아주 어지러워서 주장자를 쳐도 '꽝' 소리만 났지. 이게 무슨 소린가? 얼른 납득이 안 가는데 오늘의 영가는 먹고, 입고하는 것이 다 끊어졌기 때문에 '꽝' 소리에 진과 망이 옳고 그르다는 생각이 뚝 끊어지므로 본래아本來我로 돌아갑니다. '본래아'라는 것은 완전한 세계입니다. 변함없는 이 세계를 한 번 맛보고 나서는, 과연 스님의 말이 '옳구려!'하고 납득이 되고 인식이 되면 바로 앉은 그 자리가 '본래아'입니다.

영가나 사부대중은 한 생각에 눈을 뜨지 못해서 헤매고 있습니다. '한 생각'이라는 것이 뭐냐? 하면, 뭔가 자기가 자기한테 얽매여 있는 것을 말합니다. 남이 나를 묶어 놓은 것이 아니라, 마치 형무소에서 쇠고랑을 채워서 묶여 있는 것이 아니고, 자기가 자기한테 얽매여 있는 것입니다.

여태껏 중생심衆生心에서 살아왔기 때문에 업業에 끌려 살아왔으니 부처님 씨를 마음 밭에다 뿌려야 합니다.

금년 봄에 마음 밭에다 부처님 씨를 잘 뿌려놓고 잘 키워서 올 가을에 누렇게 결실結實을 맺어야 합니다. 이제는 중생 씨를 버리고 부처 씨를 잘 뿌리고 잘 다듬고 가꾸어 전심전력 노력하면, 눈이 떠지고 지혜가 생깁니다.

눈을 뜨지 못하면 재생할 수 없습니다. 우리 중생은 어서 빨리 눈을 떠서 부처님 세계를 볼 줄 아는 인품이 돼야 합니다. 한 생각이 확 바뀌져야 합니다. 중생심이 뚝 끊어져야 합니다. 중생심이 뚝 끊어져야 한 생각이 바뀌져서 마음의 문이 활짝 열리며, 노래가 저절로 나옵니다.

천하만물天下萬物이　무비선無非禪이요.

세상만사世上萬事가　무비도無非道로다.

나무아미타불

- 성수 스님『불문보감佛門寶鑑』에서

법문 4.

성수 스님

—

대중은 이 산승의 말을 듣기 전에 법문法門을 하는지 또는 강연講演을 하는지 구분을 분명히 할 줄 알아야 합니다.

법문이란 청중聽衆의 분에 맞도록 암시해 줌이 곧 법法이 됨을 말하고, 쉽게 이해할 수 있도록 풀어주는 것이 설교이며, 학술적으로 설명하는 것을 강연이라고 합니다.

대중은 이 산승의 주장자를 보라. 이 주장자가 바로 불보살의 실상實相이니 알겠느냐? 볼 수 없다면 들려주리라!

대지만물 그대로가 진리 아님이 없나니라.

보이는 주장자와 보는 대중이 조금도 다르지 않으니, 이 같은 이치를 알면 되지만 둘이 아닌 줄 알 것입니다. 또한 법을 알면 지척이요 모르면 십만 팔천 거리니, 이것이 무엇인지 이해가 안 된다면 하는 수 없이 설교를 하겠습니다. 법은 부처님의 것도 이 산승의 것도 아니요, 오직 눈을 뜨고 본 사람만이 가지고 쓰는 그것이 바로 법法입니다. 이 법이란 무엇일까? 각자 생각해 봅시다.

木上鳥鳴목상조명　나무 위에 새가 울고
岩前牛行암전우행　바위 앞에 소가 가네

이것이 법이라 하여 무슨 야릇한 수가 있는 줄 알면 안 됩니다. 대중 가운데 이 법을 보고 아는 이는 피할 수도 여읠 수도 없이 자나 깨나 가지고 있어야 함을 시인할 것입니다.

비유한다면 변 속에 잠겨 사는 미충尾蟲이 변을 알지 못하고, 진리 속에 사는 우리 인류는 진리를 인식하지 못하는 것과 같습니다. 우리가 불자라면 부처님 뜻을 알고 믿어야 되지 않겠는가! 뜻을 모르고 믿는 천만 명보다 뜻을 알고 믿는 한 사람이 부처님께는 더욱 소중한 것입니다.

내 아들딸 형제라도 부모의 뜻을 모르면 내 자식이 아닌 것과 같습니다. 대중은 불전佛前에 와서 무릎이 닳도록 절을 하며 지극정성으로 자녀, 자손의 행복을 비는 반면 집에 돌아가면 가족을 달달 볶아 화탕지옥에 몰아넣으니, 절에서 복을 비는 모습과 실생활이 너무 동떨어진 감이 듭니다.

이웃 사람이 어느 집의 대문을 들어설 때 언쟁言爭 소리가 나면, 주인이 볼까 두려워 도망가듯이 복福도 동네 어귀를 빙빙 돌면서 다투는 소리가 잦은 집에는 곁눈질도 하지 않고 화목한 집에만 찾아들게 됩니다.

그리고 이 절 저 절 많이 다녔다고 자랑하면서 일상 행동에는 불자다운 모습은 고사하고 인간다운 면이 하나도 없는 사람을 보면, 세인世人들이 입을 모아 절에는 많이 다녔어도 지옥 갈 사람은 저이 밖에 없다고 평합니다. 그러나 반면에 절 근처도 안가고 불교의 불佛 자字도 모르는 사람이지만 홍안백발紅顔白髮로 아랫목에 앉아 손자들이나 거두면서 집 안에 더운 기운을 풍기고 있는 노인에게는, 저 노인 제쳐놓고 극락 갈 사람은 아무도 없다고 칭송을 받는 이는 틀림없이 부처님 세계로 갈 것입니다.

염불念佛하면 극락 간다 했으니 염불이나 부지런히 하시오. 염불이란 우리말로 부처님을 생각한다는 뜻이니 왜 생각을 하느냐? 하면, 그것은 부처님을 바로 부른다는 뜻이며, 만나본다는 뜻입니다.

한 번, 두 번, 세 번 불러 만나지 못하면 대신심大信心, 대분심大忿心, 대용맹심大勇猛心을 내서, 삼천대천세계三千大天世界가 둘러꺼지도록 불러서 만나보면, 자성극락自性極樂이 아미타불阿彌陀佛이라 만나보니 자기 성품이 극락이요, 자기 마음이 부처라는 것을 알 것입니다.

현재 자기 발로 걸어 다닐 때 불러 찾아서 만나 봐야지, 죽은 후에 극락세계 간다는 말은 서울 김 서방 찾는 격이니 어렵고도 어려운 일입니다. 흔히 염불하면 극락 가고, 참선하면 성불한다고들 쉽게 말하지만 시작도 안 하고 결론만 기대하니 이루지 못하는 것입니다. 적어도 대중이 극락을 원한다면 무슨 일을 어떻게 해야 하는지, 또 부처가 되려면 어디서부터 어떻게 시작하는지 묻고 배워야하는데, 극락이 어디 있으며 가는 길은 어느 길인지, 누가 갈 것인지도 모르고 있습니다.

중생이 부처가 되려면 어디서부터 어떻게 해야 하는지 묻지도 않고 마음이 부처라는 말만 앞세우니 병病 중의 큰 병입니다. 사후 극락을 원한다면, 지금부터 극락 백성이 되어 자나 깨나 가나오나 일상 생활 모두 항상 그곳에 젖어 있어야 하는데, 평소에는 갈팡질팡 온갖 허물 저지르고 좋은 곳을 바란다면, 그것은 사후약방문死後藥方文에 불과하며, 마음이 부처라 큰소리치지만 부처님은 오백생五百生 동안 삼십이상三十二相 팔십종호八十種好를 닦아 원만한 부처에 이르신 것입니다.

그러나 우리는 게으른 정신과 비뚤어진 마음으로 심술궂은 용심用心은 조금도 쉬지 않고, 언행言行을 사나운 개와 같이 거칠게 하면서도 마음이 부처라는 말만 놀려대니, 몸과 마음에 고질병이 폭폭 들어박혀 천불이 나와도 제도할 수 없음에, 이런 이를 열반당涅槃堂 도깨비라 칭합니다.

불자는 바로 법왕法王의 아들이니, 어버이보다 아들이 더 나아지려면 불자다운 불자가 되어야 극락과 부처는 고사하고라도 부처님 몸에 피를 내지 않고, 욕되게 하지 않을 것입니다. 우리는 과거에 부처님께 물 한 모금이라도 받은 인연으로 불전에 공손히 예禮를 올리게 되었으니, 이 좋은 인연을 계기로 더더욱 깊은 인연을 만들어 이 이상 내리막을 향한 업業은 짓지 않기로 두 손 모아 발원하여 맹세해야 합니다.

- 성수 스님『불문보감佛門寶鑑』에서

주장자拄杖子 >> 6부.

고전으로 만나는 주장자

'민 스님'을 닮고 싶어 한 이규보

고려 후기 문신이며 학자인 이규보(李奎報, 1168~1241)는 시, 거문고, 술을 좋아해 '삼혹호선생三酷好先生'이라고 불렸다. 백운거사白雲居士라는 호는 자유롭게 살고자 했던 그의 삶을 상징적으로 보여준다.

이규보가 남긴 『동명왕편東明王篇』, 『개원천보영사시開元天寶詠史詩』, 『동국이상국집東國李相國集』은 어려서부터 기재奇才라 불린 필력筆力을 느끼기에 충분하다.

제도권이나 짜여진 형식에 얽매이기 싫어한 그는 교유交遊 폭이 매우 넓었다. 16세부터 강좌칠현江左七賢이라 불리는 기성 문인들의 시회詩會에 출입했다. 중국 진나라에 죽림칠현竹林七賢이 있다면 고려에는 강좌칠현이 있었다. 이 시회에는 이인로李仁老, 오세재吳世才, 임춘林椿, 조통趙通, 황보항皇甫抗, 함순咸淳, 이담지李湛之 등 당대 문인들이 참여했다. 이규보는 이들 가운데 과거에 급제했지만 구속된 삶이 싫어 세 차례나 벼슬을 사양한 오세재를 가장 존경했다. 35세 위였던 오세재는 '소년 이규보'를 나이와 상관없는 '망년지교忘年之交'로 친구 사이를 허락했다.

이규보는 스님들과도 인연이 깊었다. 『동국이상국집』에 실린 '민 스님에게 보낸다'는 뜻의 '증민사贈敏師'라는 작품은 자유로운 삶을 지향한 자취가 엿보인다. '민 스님'은 이규보와 막역한 사이로 보인다. 대체로 두 글자인 법명의 한 글자만을 사용해 '민사敏師'라고 했다.

이규보가 '민 스님'에게 보낸 시詩의 내용은 다음과 같다. 이 작품에 주장자가 등장한다.

靑山萬里拄笻行(청산만리주공행)

餘事能詩絶二淸(여사능시절이청)

雙眼曉隨溪水碧(쌍안효수계수벽)

一身秋與嶺雲輕(일신추여령운경)

繞床虎吼獰風散(요상호후영풍산)

入鉢龍蛇白氣生(입발룡사백기생)

本欲避人人自識(본욕피인인자식)

他年僧傳肯逃名(타년승전긍도명)

청산 아주 먼 거리 주장자 짚고 다니는데

능히 시를 짓는 재주는 이청을 이을 거야

두 눈은 '새벽 계곡물'처럼 푸르기만 하고
몸은 가을에 고개 넘는 구름처럼 가볍구나
법상 둘러싼 '호후'는 모진 바람에 흩어지고
발우에 들어온 '용사'는 백기를 토해 낸다네
본래 남 피하려고 했지만 남이 저절로 아니
어찌 훗날 스님들 전기에 이름을 숨기겠는가

이규보는 '민 스님'을 시 짓는 실력이 뛰어나고, 법문을 잘하며, 겸손의 자세까지 갖춘 고승高僧으로 평하고 있다. 수행이 뛰어난 스님이었던 것이다. 두 번째 단락에 나오는 '이청二淸'은 가야금의 열두 줄 가운데 셋째 현에 해당한다. 시 짓는 솜씨가 가야금 소리처럼 아름다움을 표현한 것이다.

다섯째 단락의 '호후虎吼'는 부처님 설법을 웅장한 호랑이 소리에 비유한 것이다. 사자후獅子吼와 같은 의미다. 동물의 왕 자리를 놓고 다투는 사자와 호랑이처럼, 부처님 법문은 삿된 기운을 물리치고, 모든 동물을 절복折伏시킨다는 비유이다. '민 스님'이 법상에서 법문을 설하면 '호후'가 바람에 흩어져 사방에 퍼진다는 것이다.

여섯째 단락의 '용사龍蛇'는 용과 뱀을 나타낸 것으로 성인과 범부가 함께 섞여 있음을 상징적으로 나타냈다. 『불인어록佛印語錄』에 나오는 '범성동거凡聖同居 용사혼잡龍蛇混雜'에서 유래한 것이다. "평범한 사람과 성인이 같이 있는 것은 용과 뱀이 섞여 있는 것과 같다"는 의미이다.

'민 스님'은 자기를 드러내려 하지 않았다. 하지만 이규보는 스님의 수행력과 덕망이 커서 다른 이들이 저절로 알아, 앞으로 '승전僧傳'에 이름을 숨길 수 없다고 했다.

이 시의 핵심은 첫 구절에 있다. 이규보는 '민 스님'에 대해 '청산만리주공행靑山萬里拄筇行'이라고 했다. 주장자를 짚고 '청산만리'를 주유하는 수행자의 삶을 살고 있다는 것이다.

기재奇才라 불린 이규보는 당대의 뛰어난 문인들과 교유했지만 4수만에 과거에 급제했다. 변변한 관직을 받지 못해 개경 천마산天磨山에 들어가 시문 짓기를 위안으로 삼았다. 백운거사라는 호도 이 때 지었다.

32세에 겨우 관직을 맡았지만 1년 4개월 만에 면직되고, 경주와 청도에서 발생한 민란民亂 진압군에 자원했다. 이후 참관參官을 거쳐 우사간右司諫이 되었지만 좌천되었다 면직되는 등 고초를 겪었다. 최이崔怡가 정권을 잡은 뒤 보문각대제지제고寶文閣待制知制誥, 태복소경太僕少卿, 한림학사시강학사翰林學士侍講學士, 중산대부 판위위사中散大夫 判衛尉事 등의 요직을 거쳤다.

고종 17년(1230) 위도에 유배되었다 복직되는 등 파란만장한 삶을 살았다. 무능한 국왕과 실권을 쥔 무인, 자기 욕심을 먼저 챙기는 관리들과 고초를 겪는 백성이 혼재한 고려 사회의 민낯을 생생하게 겪었다.

주장자 짚고 세상을 주유周遊하며 수행하는 '민 스님'은 이규보가 살고 싶었던 또 다른 삶이었질 모른다.

식영암 스님과 막역한 지기 이제현

이제현(李齊賢, 1287~1367)의 문집 『익재난고益齋亂藁』에는 개경에 온 식영암息影菴 스님이 문병問病차 시자를 보낸 일에 고마워하는 마음을 담은 시 한편이 실려 있다. 제목은 '식영암입경息影菴入京 견시자문질遣侍者問疾 희정일절戲呈一絶'이다.

向來飛錫肯相過(향래비석긍상과)
只爲知音世未多(지위지음세미다)
見說王公爭結軌(견설왕공쟁결궤)
枉煩侍者問沈痾(왕번시자문침아)

그동안 석장짚고 서로 오고 간 것은

'참다운 벗' 세상에 드물기 때문이요
고관대작들이 수레로 모여 들 텐데
번거롭게 시자를 문병 보내시는지요

이 시에서 알 수 있듯이 이제현과 식영암 스님은 '마음이 통하는 친한 벗'이었다. 식영암 스님은 고려 후기 대표적 승려문인으로 강화 선원사와 고흥 월남사에 주석했다. 주장자를 의인화한 '정시자전丁侍者傳' 등 13편의 작품이 『동문선東文選』에 실려 있다.

이제현은 식영암 스님 벼루에 '중이견득지천重而堅得之天 척이신존호인滌以新存乎人'이라는 내용의 '연명硯銘'을 새겨줄 정도로 친분이 있었다. '무겁고도 단단한 것은 하늘에서 얻은 것이며, 씻어서 깨끗이 하기는 사람에 달려 있다'는 뜻이다.

이제현이 지은 시에 따르면 오랜만에 개경에 온 식영암 스님이 지기知己의 병환 소식을 듣고 시자를 보내 쾌유를 기원했다. 이제현은 "그동안 석장 짚고 서로 오고 간 것은, 참다운 벗이 세상에 적었기 때문"이라면서 스님과 마음을 터놓고 지내는 가까운 사이임을 나타냈다.

또한 고위 관료와 실력자들이 탄 수레가 스님이 머무는 개경의 숙소를 앞다퉈 드나들었음을 알 수 있다. 만나려고 찾아오는 사람들을 응대하기도 바쁠 텐데 일부러 시자를 보내 위로한 스님에게 이제현은 고마움을 표했다.

이제현은 식영암 스님은 물론 순암順菴·해봉海峯·총 법사聰法師 등 스님들과 교유하는 등 불교와 인연이 깊었다. 총 법사의 법사는 스님의 다른 표현이다.

식영암 스님에게 보낸 시가 실린 『익재난고』는 이제현의 아들과 손자가 공민왕 12년(1363)에 처음 펴냈다. 익재益齋는 이제현의 호이다. 『익재난고』는 조선 세종 14년(1432), 선조 33년(1600), 숙종 19년(1693), 순조 14년(1814)에 계속 중간됐다. 또한 1911년 조선고서간행회朝鮮古書刊行會, 1973년 성균관대 대동문화연구원大東文化研究院, 1979년 민족문화추진회民族文化推進會에서 영인하여 발간했다.

이제현은 어려서 글 짓는데 총명함을 보였다. 충렬왕 27년(1301) 성균시成均試 수석 합격에 이어 과거에도 붙었다. 사헌규정司憲糾正으로 관리 생활을 본격적으로 한 그는 충숙왕 1년(1314) 원나라 수도 연경燕京의 만권당萬卷堂에 6년간 머물며 선왕先王인 충선왕을 보좌했다. 이 때 원나라 문인들과 교유하며 식견을 넓혔다. 서촉西蜀 아미산峨眉山, 절강浙江 보타사寶陀寺, 감숙성甘肅省 타사마朶思麻를 여행하며 넓은 세상을 직접 만났다.

고국에 돌아온 뒤 재상에 되었지만 혼란스런 정국 때문에 어려움을 겪었다. 충목왕 즉위 후 판삼사사判三司事를 맡아 개혁 방안을 제시했다. 공민왕 즉위 후 문하시중門下侍中 자리에 올라 국정을 총괄하며 개혁을 추진했다. 뛰어난 학식과 원나라 생활로 얻은 넓은 견문으로 많은 업적을 남겼다.

제자인 이색은 이제현 묘지명에 "도덕지수道德之首 문장지종文章之宗"이라고 썼다. "도덕의 제일이며, 문장의 으뜸"이라는 이색의 평처럼 이제현은 인품과 실력을 두루 갖춘 인물 이었다. 시호는 문충文忠이여 경북 경주시 안강 구강서원龜岡書院과 황해도 금천金川 도산서원道山書院에 제향祭享했다.

말에서 떨어진 스님을 놀린 이색

고려 말의 어느 날 시내를 건너던 한 스님이 말에서 떨어졌다. 스님은 신발 한 짝까지 잃었다. 이를 본 목은牧隱 이색(李穡,1328~1396)이 스님을 놀리는 시를 지었다. 『목은집牧隱集』과 『동문선東文選』에 실린 '동래승도계추마실척이희작同來僧渡溪墜馬失隻履戲作'이란 제목의 칠언고시七言古詩이다. 불교와 인연 깊은 이색은 주장자와 달마대사의 일화를 떠올렸다.

山溪流入海(산계류입해)

馬臥欲化龍(마와욕화룡)

拄杖茫然忽落手(주장망연홀락수)

袈裟盡濕春雲濃(가사진습춘운농)

折蘆老胡亦戲劇(절로노호역희극)

飛錫羅漢稱神通(비석나한칭신통)

借問隻履在何地(차문척리재하지)

定應不在蔥嶺東(정응부재총령동)

不須更踏石頭路(불수경답석두로)

自有一吸西江風(자유일흡서강풍)

산 속 계곡 물 흘러 바다에 들어가고

말은 누워서 용으로 변하고자 하네

주장자를 생각 없이 손에서 떨구었네

가사는 모두 젖어 봄구름처럼 되었네

갈대 꺾어 탄 나이든 달마는 희극이고

석장 날린 나한존자는 신통 하였는데

이보시오, 신발 한 짝은 어디로 갔나요

분명히 총령 동쪽에는 없는 것 같은데

석두 스님 길을 다시 밟을 필요는 없네

서강의 물을 한 번에 마시는 풍이 있네.

노호老胡는 서역에서 불교를 전하기 위해 중국에 온 달마達磨 대사를 지칭한다. 달마대사는 갈대를 꺾어 타고 바다를 건너 왔다고 한다. '석장錫杖을 날린다'는 의미의 비석飛錫은 도력道力 높은 고승이 석장을 타고 왕래했다는 고사古事에서 유래했다. 총령蔥嶺은 중국 신강성新疆省 서남쪽에 있는 파미르

고원으로 중국과 인도를 잇는 요충지다. 위魏나라 사신 송운宋雲이 신발 한 짝을 들고 가는 달마대사를 총령에서 만났다. 이미 열반한 달마대사를 보고 송운은 깜짝 놀랐다. 돌아와 달마대사의 무덤을 확인하니 신발 한 짝만 있었다는 것이다.

목은이 언급한 '서강'은 마조도일(馬祖道一, 709~788) 스님이 방거사(龐居士, ?~808)에게 건넨 화두 '일구흡진서강수一口吸塵西江水'를 빗댄 것이다. '석두'는 석두희천(石頭希遷, 700~790) 스님이다.

이색은 말에서 떨어져 신발 한 짝을 잃은 스님을 보면서 달마, 마조, 석두 스님의 일화를 언급할 만큼 불교에 해박했다. 성리학자이지만 유교 입장에서 불교를 이해하려고 했다.

이색은 고려 후기 문신으로 포은圃隱 정몽주鄭夢周, 야은冶隱 길재吉再와 더불어 '고려삼은高麗三隱'으로 불린다. 야은 대신 도은陶隱 이숭인李崇仁을 포함시키기도 한다. 목은은 좌승선左承宣, 대제학大提學, 판개성부사判開城府事, 대사성大司成 등을 지내며 성리학 보급에 힘썼다. 정몽주, 정도전鄭道傳, 하륜河崙, 길재吉再, 이숭인, 권근權近이 목은 제자이다.

조선을 건국한 이성계李成桂가 정권을 장악한 후 유배되었다. 실력을 아깝게 여긴 이성계가 출사를 권했지만 끝내 응하지 않았다.

각봉 스님과 작별 아쉬워 한 정도전

조선을 설계한 정도전(鄭道傳, 1342~1398)은 군주가 독단적으로 지배하는 것이 아니라, 신하와 백성이 주인이 되는 나라를 꿈꾸었다. 성리학, 즉 유학을 통치 이념으로 삼아 새로운 나라를 만들고자 했다. 조선 개국 후 『불씨잡변佛氏雜辨』을 지어 억불숭유抑佛崇儒의 기초를 놓았다. 불교 폐단을 지적한 그였지만 스님들과의 교유는 잦았다.

그의 문집 『삼봉집三峯集』에는 각봉覺峯 스님을 배웅하며 지은 오언율시五言律詩가 실려 있다. 『삼봉집』의 '삼봉'은 정도전의 호이다. 멀리서 석장錫杖 쥐고 찾아온 각봉 스님을 만난 뒤 헤어지는 심정을 시에 담았다. '송각봉상인送覺峯上人'이란 제목의 작품은 다음과 같다.

萬里携孤錫(만리휴고석)

三年着一衣(삼년착일의)

碧山今日去(벽산금일거)

芳草幾時歸(방초기시귀)

出定晨鳴磬(출정신명경)

求詩晝叩扉(구시주고비)

臨岐更携手(임기갱휴수)

即此是相違(즉차시상위)

각봉 스님을 배웅하며

멀고 먼 길을 외롭게 석장 들고 와서

삼년 동안 입은 옷 한 벌로 지냈구려

풀과 나무 무성한 산으로 오늘 떠나면

방초 시절은 어느 때에 돌아 오겠는가

선정 마치고 새벽에 종과 경쇠 울리고

시를 구하려고 낮엔 마을 집을 찾는데

갈림길 이르자 또 다시 손목을 이끌어

이제 이곳부터는 서로 헤어져야 하네요

각봉 스님은 3년이란 세월을 옷 한 벌로 지낼 정도로 청빈한 삶을 살았다. 선정禪定을 마친다는 내용으로 보아 참선 수행하는 수좌首座로 보인다. 시詩에 관심이 많은 각봉 스님은 선비나 학자와 교유가 많았고, 그 가운데 한 명이 정도전이었다. 마을에 왔다 돌아가는 갈림 길에서 서로 손을 맞잡고 아쉬운 작별의 인사를 나누었던 각봉 스님과 정도전. 비록 세간과 출세간에 떨어져 살지만 마음은 서로 통하는 사이였다. 주장자 하나 쥐고 먼 길 마다하지 않고 왔을 각봉 스님의 소박함이 보이는 작품이다.

정도전의 본관은 경북 봉화, 선대 고향은 경북 영주이다. 충북 단양 삼봉三峰에서 형부상서 정운경鄭云敬의 아들로 태어났다. 부친은 이곡李穀과 교유했고, 정도전은 이곡의 아들 이색李穡 문하에서 공부했다. 고려 말 조선 초 격변기에 정치적 입장 차로 서로 다른 길을 갔지만 정몽주鄭夢周, 이숭인李崇仁, 김구용金九容 등 당대 지식인과 동문수학했다.

공민왕 9년(1360) 급제하여 관직에 나섰다. 성균관成均館 박사로 정몽주 등과 성리학을 지도했다. 태상박사太常博士와 인사 행정을 관할하는 자리에 올랐지만 권신 세력과 맞서다 나주에 유배됐다.

귀양에서 돌아와 10년 가까이 칩거하다 이성계李成桂를 만나 그의 '참모'가 되었다. 위화도 회군으로 이성계가 권력을 장악한 후 밀직부사로 활약하며 조선 건국의 토대를 닦았다. 그러나 정몽주 등의 견제로 또 다시 유배생활을 해야 했다.

이방원李芳遠이 선죽교에서 정몽주를 피살한 사건을 계기로 풀려나 조선 개국의 주도적 역할을 수행했다. 일등공신으로 병권兵權을 포함한 모든 실권을 거머쥐고 한양漢陽 천도를 단행했다.

태조 이성계를 가장 가까이 보좌하며 조선을 세웠지만 권력은 영원하지 않았다. 한 때는 정치적 동지였던 이방원(훗날 태종)과의 대결에서 졌기 때문이다. 태조 7년(1398) 제1차 왕자의 난 과정에서 목숨을 잃으며 파란만장한 생애를 마감했다.

정도전이 살았던 집은 현재 서울 조계사 인근의 종로구청 자리이다. 각봉 스님과 헤어진 거리도 근처일 것이다. 그의 집에서 조선의 정사政事를 논의하던 경복궁 근정전勤政殿까지 도보로 15분 정도 걸릴 만큼 가깝다. 이방원 세력에 의해 숨진 뒤 그의 집은 사복시司僕寺, 제용감濟用監 등 관청으로 사용했다. 일제강점기에는 수송국민학교, 해방 후에는 경찰기마대가 사용하다 지금은 종로구청과 종로소방서가 들어섰다.

애민의식을 바탕에 둔 정도전의 정치 실험은 실패했다. 하지만 그가 설계한 조선은 500년을 이었다.

청담스님 _ 늘 가사를 수하고 육환장을 지니며 수행 정진한 청담 스님. 불교를 바르게 세우기 위해 정화불사에 전념했다. 종정, 도총섭, 총무원장, 중앙종회 의장, 동국대 이사장으로 종단 발전에 헌신했다.

주장자 들고 스님 찾아가는 이숭인

산속 깊이 자리한 허름한 법당에서 오직 참선 수행에만 집중하는 스님이 있었다. 법명이 무엇인지 모른다. 도은陶隱 이숭인(李崇仁, 1347~1392)의 시에 주인공으로 등장하는 스님이다. 이숭인은 목은牧隱 이색李穡, 포은圃隱 정몽주鄭夢周와 더불어 '고려삼은高麗三隱'으로 꼽힌다. 절개와 의리를 끝까지 지킨 고려 말 세 명의 학자를 고려삼은 또는 여말삼은麗末三隱이라 한다. 목은, 포은과 야은冶隱 길재吉再 또는 도은을 이른다.

도은 이숭인의 『도은집陶隱集』에 실린 작품이다. 제목은 '제명원암題明遠菴'이다.

架巖開數間屋(가암개수간옥)

面壁有一箇僧(면벽유일개승)

洞裏淸泉白石(동리청천백석)

軒前古木蒼藤(헌전고목창등)

詩思奇奇怪怪(시사기기괴괴)

宦情莫莫休休(환정막막휴휴)

手裏携柱杖子(수리휴주장자)

尋僧直到山頭(심승직도산두)

바위에 걸쳐 엮은 몇 칸 허름한 집

벽보고 참선 수행하는 한 명의 스님

산문 안에는 맑은 샘과 하얀 바위가

집 앞에는 고목에 덩굴이 무성하네

시상은 기이하고 기이하기만 하네

벼슬하려는 마음을 접은 지는 오래

손에는 주장자 하나 만을 들고서는

스님 찾아 곧바로 산꼭대기 가야지

명원암이 어디에 있는 절인지 알지 못한다. 하지만 명원암에 주석하는 스님과 도은과 매우 가까운 사이였던 것으로 보인다. 스님이 머문 암자는 바위에 의지해 허름하게 지었다. 번듯한 법당이나 요사寮舍를 갖추지 못한 토굴이었나 보다. 스님은 오직 면벽面壁 수도하는 것으로 일과를 대신한 수행자였다. 암자에는 감로수甘露水가 흐르는 샘과 바위가 있었고, 토굴 앞 고목은 덩굴만 무성했다. 세간 사람들의 눈으로 이해하기 어려운 삶이었다. 그러나 검소하게 살면서 참선 수행에 집중한 명원암 스님은 행복했을 것이다.

과거에 급제한 후 크고 작은 벼슬을 지내면서 영화榮華와 고초苦楚를 겪은 이숭인의 입장에서 속세에 초탈超脫해 살고 있는 스님이 부러웠을 것이다. 그는 이성계가 고려를 멸하고 조선을 개국할 때 유배를 갔다. 실리보다는 명분을 택했던 도은 이었다. 결국 그는 조선 개국을 주도한 정도전이 보낸 심복에게 장살杖殺 당하는 운명을 감수했다. 도은은 앞서 북원北元에서 온 사신을 돌려보낼 것을 주장하다 귀양 가기도 했으며, 상소를 올려 유배당하는 등 직언直言을 두려워 하지 않았다. 강직한 성품으로 충절을 지킨 인물이었다.

이숭인은 '명원암에 제하다'라는 시에서 "벼슬하려는 마음을 접은 지 오래되었다"면서 눈 앞의 이익보다는 명분이라는 가시밭길을 자초했음을 드러냈다. 이어 "손에는 주장자 하나 들고, 스님 찾아 가야지"라고 했다. 출세간과 세간이라는 머무는 공간은 달랐지만 진흙탕 같은 현실에서 뒹굴며 이익을 탐하기 보다 연꽃 같은 삶을 추구했다. 그런 점에서 명원암 스님과 이숭인은 도반이나 다름 없다. 스님을 찾아가는 이숭인의 손에 들려 있을 주장자는 삶의 지표를 상징적으로 보여준다.

『도은집』은 태종 4년(1404) 권근權近이 임금의 명을 받아 간행했다. 첫 발문은 이색이 썼다.

공민왕 때 문과에 급제한 도은은 숙옹부승肅雍府丞, 예의산랑禮儀散郎, 예문응교藝文應敎, 전리총랑典理摠郎, 우사의대부右司議大夫, 첨서밀직사사簽書密直司事 등을 역임했다. 글이 뛰어나고 아름다워 많은 이들이 좋아했다. 이색은 "도은의 문장은 중국에서 구하기 쉽지 않다"고 칭찬했고, 명나라 태조太祖 주원장은 이숭인의 표문表文을 보고 "문사가 진실로 절실하다"고 평했다.

『도은집』 외에도 『관광집觀光集』, 『도은재음고陶隱齋吟藁』, 『봉사록奉使錄』 등이 있다고 하는데 전하지는 않는다.

이숭인의 『도은집』에 실린 '제명원암'.
출처. 한국고전번역원

陶隱集 卷三

全州途中
馬上東風日日吹 歸來政趁韶光早
遙看楊柳萬金絲 擬向高堂獻壽卮
渡島錄 三月初二日
行行恰到島江濱 怪底相逢皆刮目
物色依然是故園 新詩大半帶華言
已上二十首。出奉使錄。
送僧
忽忽羇懷未易寧 一般門外清溪水
秋風吹復送師行 嗚咽殊非舊日聲
陶隱 三十七
蠅
終日營營几案前 家童未用麈樓拂
飛來飛去勢飄然 留與清霜九月天
題明遠菴
架巖開數間屋。面壁有一箇僧。洞裏清
泉白石。軒前古木蒼藤。
詩思奇奇怪怪。官情莫莫殊殊。手裏攜
杖杖手尋。僧直到山頭。

묘향산 가는 '형 스님' 그리운 서거정

조선 초 학자 서거정(徐居正, 1420~1488) 시문집『사가집四佳集』에 '송형상인유향산送炯上人遊香山'이란 제목의 시가 있다. '묘향산으로 유람 가는 형炯 스님에게'라는 의미다. '상인上人'은 지혜와 덕을 두루 갖춘 스님을 지칭한다. '형'은 법명 가운데 한 글자만 택한 것으로 '형 상인'이란 '형 스님'과 같은 말이다.

妙香山色鬱嵯峩(묘향산색울차아)
遊訪師今不憚賒(유방사금불탄사)
萬里行雲隨杖錫(만리행운수장석)
一天飛雨濕袈裟(일천비우습가사)
開都平壤轉頭見(개도평양전두견)

浿水薩江彈指過(패수살강탄지과)

桑下已無三宿戀(상하이무삼숙연)

祇林何處不爲家(기림하처불위가)

묘향산 색이 울창하고 우뚝 솟아 험한데

유람가는 스님 길이 아득하다 하지 않네

구름처럼 가는 만 리 길 석장만 지녔구나

하루 종일 비 내리면 가사는 젖고 말텐데

개성 도읍지와 평양은 대략 돌아볼 것이고

대동강과 청천강은 쏜살 같이 지나칠 테지

뽕나무 아래에서 사흘 지내는 마음 없고

절이라면 그 어느 곳이나 집 아니겠는가

'형 스님'은 묘향산 가는 길이 아득하다 푸념하지 않고 구름처럼 유유자적하게 주장자 하나만 들고 나섰다. 서거정은 '형 스님'이 묘향산에 도착할 때까지 과정을 미루어 짐작해 시를 지었다. 도읍지 개성과 서경西京이라 불린 평양은 대충 돌아보고, 대동강大同江과 청천강淸川江에 오래 머물지 않을 것이라 했다. 산색山色이 울창한 묘향산을 향해 뚜벅뚜벅 걸음을 내딛었을 '형 스님'이다. 하루 종일 비가 내려 스님의 가사가 젖을 것을 염려하는 서거정의 애틋한 마음도 담겼다.

'뽕나무 아래에서 사흘 지내는 마음 없고'는 중국 후한의 220년 역사를 기술한 『후한서後漢書』 '양해열전襄楷列傳'에서 유래했다. '부도불삼숙상하浮屠不三宿桑下 불욕구생은애不欲久生恩愛 정지지야精之至也'라는 대목이다. '스님이 뽕나무 아래에서 사흘 밤을 지내지 않는 것은 오랜 시간이 흘러 인정과 애착이 생기지 않게 하여 정진에 이르기 위함'이라는 뜻이다. 불도佛道를 이루려는 스님은 그 어떤 것에도 집착하지 않고 오직 수행에 전념해야 한다는 의미다. '형 스님'은 세간의 일이나 자연의 풍광風光에 크게 마음 쓰지 않고 오직 묘향산을 향해 걸음을 옮겼다. 서거정은 스님이 머무는 곳이 법당法堂이요, 수행 처라고 강조했다. 유람에 나선 스님이 의지한 것은 깨달음을 성취하겠다는 간절한 원력과 주장자뿐이었다.

서거정은 예조참판, 형조판서, 병조판서, 좌참찬, 좌찬성 등 요직을 두루 역임했다. 호는 사가정四佳亭과 정정정亭亭亭이다. 유학儒學뿐 아니라 천문天文, 지리地理, 풍수風水, 의약醫藥까지 두루 섭렵해 박학다식博學多識했다. 훗날 세조世祖가 된 수양대군首陽大君이 명나라에 다녀 올 때 종사관從事官으로 동행한 인연이 있다. 조맹부趙孟頫의 '적벽부赤壁賦'에 나오는 글자로 시를 지었는데 세조가 감탄했다는 일화도 전한다.

문장이 뛰어나고 학식이 높아 『동국통감東國通鑑』, 『동국여지승람東國輿地勝覽』, 『동문선東文選』, 『경국대전經國大典』 등의 공동 작업에 두루 참여했다. 『동국여지승람』에 단군檀君이 처음 나라를 세웠음을 적시해 민족의 자부심을 드러냈다. 『사가집』에는 1만여 수의 시가 실렸다고 한다. 현재 전하는 작품은 6000여 수 정도이다. 4000여 수가 사라졌지만 그 양도 적은 것은 아니다.

『사가집』 외에도 『동인시화東人詩話』, 『태평한화골계전太平閑話滑稽傳』, 『필원잡기筆苑雜記』 등 여러 편의 개인 저서를 남겼다.

서거정의 『사가집』에 실린 '송형상인유향산'
출처. 한국고전번역원

天上瓊樓萬玉妃人間来舞學花飛擁衾儘卧知
何者斷鴈聲中獨掩扉
其八
凍雲如墨撥難開六出飛飛巧剪裁天地中間銀
世界琪林無數接瑶臺
送烱上人遊香山
妙香山色鬱嵯峩遊訪師今不憚賖萬里行雲隨
杖錫一天飛雨濕袈裟開都平壤轉頭見浿水薩
江彈指過桑下已無三宿戀祇林何處不為家
寄詩根上人借三色葵花
無數葵花寺院中能殷能白又能紅我今酷愛師
休怪向日丹忱似我同
流頭日書懷寄子固

四佳詩集 四十六

百年曾瞥眼今日又流頭身世還多病功名愧未
休荷花明似拭竹色爽於秋隱几無来客高吟賦
四愁
又用前韻四首
十年長病肺一月不梳頭携卷慵還睡銜杯醉則
休荷風消酷暑桐雨送高秋地僻無輪鞅幽懷只
自愁
山僧青我眼雪已白吾頭晩節三宜去殘生四可
休芭蕉今夜雨松桂故園秋軒冕皆身外悠悠莫
謾愁
萬事刮龜背一身藏鷺頭風塵何草草名宦且休

四佳詩集 卷四十六

법천 스님 만나 불효 한탄한 노수신

산문山門에 드는 것은 깨달음을 구해 중생을 제도하기 위함이다. 세간의 일에 초탈하여 수행에 몰두하는 것이 출가자의 본분으로, 낳아주고 길러준 부모 형제의 인연도 멀리해야 한다. 효도孝道를 백행百行의 근본으로 여긴 조선시대 스님들은 부모와 절연絶緣하는 것에 대한 사회적 비난을 감수해야 했다. 그러나 어찌 인정人情을 단칼에 끊을 수 있으랴.

조선 중기 문신 노수신(盧守愼, 1515~1590)의 문집 『소재집穌齋集』에는 아버지에게 인사드리고 산으로 돌아가는 법천法泉 스님 이야기가 나온다. '노봉납법천路逢衲法泉 자언성부귀산自言省父歸山'이란 제목의 작품이다.

飛錫投何處(비석투하처)

寧親返舊山(영친반구산)

蓼莪雖欲廢(육아수욕폐)

恩重未應刪(은중미응산)

異路爲人子(이로위인자)

同庚寄世間(동경기세간)

疎愚獨多釁(소우독다흔)

鶴髮豈重攀(학발기중반)

석장 들고 어느 곳에 가는지 물으니

아버님 뵙고 산으로 돌아 간다 하네

육아의 정을 비록 그만 두려고 해도

은혜 무거워 마땅히 정리하지 못하네

서로 길 달라도 모두 같은 자식이요

같은 나이로 세상 기대어 살아가는데

크게 어리석은 나는 유독 허물 많으니

백발 된 부모님 어찌 다시 의지하겠나

노수신은 어느 날 길에서 주장자(석장)를 짚고 가는 법천 스님을 만났다. 무슨 일인지 연유를 묻자 스님은 "아버님을 뵙고 산으로 돌아가는 길"이라고 답했다. 법천 스님이 비록 출가했지만 부모의 은혜가 깊고 지중하여 살피지 않을 수 없음을 노수신은 이해했다.

그는 출세간의 스님과 세간의 범부凡夫가 서로 살아가는 방식은 다르지만, 근원에서 볼 때 부모로부터 태어났기에 인륜人倫을 저버릴 수 없다고 했다. 법천 스님과 같은 나이인 노수신은 본인이 어리석고 허물이 많아 나이든 부모님을 다시 뵐 수 있을지 한탄했다.

시의 첫 머리에 등장하는 비석飛錫은 '석장을 날린다'는 의미로 중국 당나라 시절 은봉隱峯 스님이 회서淮西에서 하늘로 던진 석장을 타고 날아갔다는 고사에서 유래한 것이다. 스님들이 오고 감을 석장에 빗대어 상징적으로 표현한 단어이다. 비구 18물物인 주장자는 스님들이 반드시 지참해야 하는 필수품이었다.

세 번째 단락의 '육아蓼莪'는 『시경詩經』에서 유래한 것으로 세상을 떠난 부모님을 그리워하며 은혜에 보답할 수 없는 현실을 한탄한 효자의 노래이다.

노수신은 명종이 즉위하던 해 을사사화乙巳士禍로 귀양 갔다 돌아와 영의정에 올랐지만, 선조 22년 기축옥사己丑獄事로 파직되는 등 풍파를 겪었다. 여봉노인茹峯老人과 암실暗室 등 특이한 호를 사용한 것도 사연 많은 삶을 상징적으로 드러낸다.

또 다른 호인 '소재穌齋'에서 유래한 『소재집』은 선조 35년(1602) 그의 조카 노대하盧大河가 간행했다. 1540 수의 시를 비롯해 서序, 제문, 과제科製, 서간 등이 실려 있다. 『소재집』은 국립중앙도서관과 규장각 등이 소장하고 있다.

동국대 사범대 앞이 생가 자리인 이안눌

동국대 사범대 앞에는 '동악선생시단東岳先生詩壇'이란 글씨가 적힌 비석이 있다. 동악은 조선 중기 문신 이안눌(李安訥, 1571~1637)의 호이다. 18세의 어린나이에 진사시進士試시에 1등으로 합격해 '소년급제少年及第'의 신화를 쓴 인물이다. 총명하고 글재주가 뛰어난 그를 모함하는 이들 때문에 관직에 바로 나가는 대신 문학 공부에 집중했다. 이 때 동악이 교유한 권필權韠, 윤근수尹根壽, 이호민李好閔 등과의 모임을 '동악시단東岳詩壇'이라고 한다.

동국대 출신 문인이 많이 배출되는 까닭 가운데 하나가 '동악시단'의 중심인물 이안눌의 집이 있었기 때문이란 이야기가 회자된다. '동악선생시단' 비석이 서 있는 자리가 바로 이안눌이 나고 자란 생가 터이다.

이안눌은 4379수라는 엄청난 양의 시를 남겼다. 이태백李太白과 더불어 중국 최고의 시인으로 인정받는 두보杜甫의 시를 1만 번이나 읽었다고 전한다.

사대부 관료이자 문인이었던 이안눌은 교유의 폭이 넓었다. 억불숭유 시대였지만 스님들과도 친분이 있었다. 『임하필기林下筆記』에 실린 '풍악산楓嶽山으로 유람 가는 인언 상인'이란 14수의 시가 증명한다. 원 제목에는 인언상인印彥上人이라고 되어 있는데 인언은 법명이고 상인은 스님의 또 다른 표현이다. 14수 가운데 석장(주장자)이 등장하는 첫수는 다음과 같다.

飛錫名山路(비석명산로)

飄然不定蹤(표연부정종)

先雲朝度嶺(선운조도령)

共鶴暮依松(공학모의송)

天冠經三暑(천관경삼서)

頭流駐一冬(두류주일동)

東歸又何事(동귀우하사)

秋晚衆香峯(추만중향봉)

석장을 짚고 이름 난 산길 걷고

표연히 자취 남기지 않고 떠나네

아침엔 구름 보다 앞서 고개 넘고

저녁에는 학과 소나무 의지하네

천관산에서 석 달 여름철을 보내고

두류산에서 이번 겨울철을 머무네

동쪽으로 돌아감은 또 무슨 일인가

중향봉에 가을 가득하기 때문이다

풍악산은 금강산金剛山의 가을 명칭이다. 천관산天冠山은 전남 장흥에 있고, 두류산頭流山은 지리산智異山의 또 다른 이름이다. 천관산에서 하안거를, 지리산에서 동안거를 마치고 금강산으로 가는 인언 스님을 배웅하며 지은 시이다.

아무 자취 남기지 않고 석장 하나 짚고 스님은 길을 나섰다. 해가 뜨면 구름 보다 앞서 고개를 넘고, 해가 지면 학과 같이 소나무에 의지해 잠을 청하며 바삐 금강산으로 향했다. 동쪽, 즉 금강산으로 '돌아간다'는 대목으로 보아 스님은 본래 금강산 사찰에 주석했던 것으로 보인다. 중향봉은 금강산 불지암佛地庵 북쪽에 자리한 봉우리로, 혈망봉穴網峯과 망고봉望高峯을 마주하고 있다. 이 시에 근거하면 인언 스님의 최종 목적지는 금강산 중향봉 인근의 한 암자였을 것이다.

이안눌은 이 작품의 다섯 째 수에서 인언 스님 주장자가 철쭉나무로 만들었으며, 길이는 1m가 되지 않다고 밝히고 있다.

躑躅枯枝三尺長(척촉고지삼척장)

拄來方丈入金剛(주래방장입금강)

동국대 사범대 앞에 자리한 '동악선생시단' 비석. 동악은 이안눌의 호이다.

마른 철쭉나무로 만든 삼척 길이의

주장자 들고 방장산서 금강산 가네

척촉은 철쭉 나무를 말한다. 고지는 말라 죽은 가지이다. 삼척은 지금 단위로 환산하면 대략 90.9cm이다. 인언 스님 주장자는 90.9cm 정도 되는 철쭉나무로 만들었던 것이다. 스님은 이 주장자를 들고 방장산에 머물다 금강산으로 갔다. 방장산은 지리산의 또 다른 이름이다.

이안눌은 일곱 번째 수에서 올 해가 가기 전에 금강산 단풍을 보고 싶다는 마음을 비추었다. 인언 스님 석장에 자신의 눈을 달아 단풍을 감상하고 싶다고 할 만큼 간절했다.

年來只欲抉昏眸(연래지욕결혼모)

挂却歸僧錫杖頭(괘각귀승석장두)

直上金剛峯第一(직상금강봉제일)

暫時看遍萬山秋(잠시간편만산추)

이해가 가기 전에 오래된 눈동자 도려내

돌아가는 스님의 석장 끝에 달아 보내어

곧바로 금강산 가장 높은 봉우리에 올라

잠깐이라도 만산의 가을 두루 보고 싶네

스물아홉 살에 과거에 다시 응시해 급제한 이안눌은 예조정랑禮曹正郎, 이조정랑吏曹正郎을 거쳐 홍주목사, 동래부사, 담양부사, 경주부윤, 강화부사 등을 지냈다. 인조반정 이후 예조참판과 강도유수江都留守를 역임하고 함경도관찰사, 예조판서 겸 예문관제학, 충청도순찰사로 일했다. 병자호란 당시 인조를 호종護從하여 남한산성에 갔다가 전쟁 후 병이 악화되어 세상을 떠났다.

동래부사를 지낸 인연으로 '이안눌 청덕선정비淸德善政碑'가 부산시 동래구 온천동 금강공원에 자리하고 있다. 임진왜란이 끝난 직후 부임한 이안눌은 왜군에 맞서 항쟁하다 숨진 백성 25명의 충절을 기리기 위해 『정방록旌榜錄』을 만들었다. 그들의 후손들은 포상했다. 이런 공을 기려 광해군 원년(1609) 세운 것이다. 본래 안락동사무소 앞에 있던 것을 옮겼다.

성철스님 _ 현대 한국을 대표하는 선승인 성철 스님. 조계종 종정과 해인사 방장을 지낸 스님은 '자기를 바로 보라'면서 납자들과 불자들의 정진을 독려했다.

주장자拄杖子

부록

1. 문화재로 만나는 주장자

1) 대나무 주장자 든 고려 십육나한도

서울 용산구에 자리한 국립중앙박물관에는 국보와 보물 등 많은 문화재들이 보관 전시되고 있다. 이 가운데 주장자를 들고 있는 고려시대 나한도羅漢圖가 관람객들의 발길을 사로잡는다. 나한은 아라한阿羅漢의 줄인 말로 범어 Arahat를 음역한 것이다. 일체 번뇌를 끊고 지혜를 얻어 중생의 공양을 받는 성자를 나타낸다.

국립중앙박물관이 소장하고 있는 '고려 십육나한도'는 보물 제1882-2호로 비단에 채색을 한 작품이다. 오백 명에 이르는 나한 가운데 15번째에 해당하는 아시다존자阿氏多尊者가 이 주장자를 들고 있는 그림이다. 크기는 세로 52.7cm, 가로 40.0cm이다.

아시다존자는 '아벌다阿伐多존자'라고도 한다. 부처님 제자 가운데 나이가 가장 많은 노인 모습을 하고 있으며, 대나무로 만든 주장자에 몸을 의지하고 있다. 부처님 가르침을 배우고 익히며 실천하는데 남녀노소 지위고하가 따로 있겠는가. 비록 연로한 노인이지만 불법佛法을 배워 성불成佛하고자 하는 구도자의 간절한 원력이 느껴지는 불화이다. 화려한 색채를 자랑했을 그림이지만, 세월의 흐름 속에 희미해져 아쉽다. 그나마 아시다 존자가 앉은 법좌法座 등받이의 화려한 문양이 본래 그림의 아름다움을 증명한다.

국립중앙박물관은 "얼굴 표정에는 날카로움과 기백이 살아있고 먹선은

'고려 십육나한도' 가운데 대나무로 만든 주장자를 들고 있는 아시다존자 . 보물 제1882-2호이다.
출처. 국립중앙박물관

서울특별시유형문화재 제209호 '금동석장 머리장식'. 서울 관악구 호림박물관에 소장되어 있다.
출처. 문화재청 국가문화유산포털

매우 유려하다"면서 "그를 모시는 두 명의 젊은 승려가 양쪽에 작게 그려져 있다"고 설명한다.

이밖에도 국립중앙박물관은 오백나한 가운데 △제357번째 의통존자義通尊者 △제145번째 희견존자喜見尊者 △제92번째 수대장존자守大藏尊者 △제170째 혜군고존자慧軍高尊者를 그린 불화를 소장하고 있다. 이들 나한도는 모두 보물 제1883호로 지정되어 있다.

2) 화려한 '금동석장 머리장식'

주장자拄杖子가 주로 법문할 때 사용한다면, 석장錫杖은 스님들이 만행에 나설 때 이용하는 경우가 많다. 수행자가 지녀야 할 18가지 물건 가운데 하나인 석장은 윗부분을 화려하게 장식한다.

2006년 5월11일 서울시유형문화재 제209호로 지정된 '금동석장 머리장식'은 서울시 관악구 신림동에 소재한 호림박물관이 소장하고 있다. 문화재 지정 당시에는 '금동석장두金銅錫杖頭'라 했으나, 그 뒤에 지금의 명칭으로 바뀌었다.

고려시대인 13~14세기에 만들어진 것으로 추정되는 '금동석장 머리장식'은 금동으로 만든 석장의 머리 부분 장식이다. 아쉽게도 손잡이 부분은 사라지고 없고 머리 부분만 남았다.

머리 부분은 여의두如意頭 모양의 큰 고리가 먼저 눈에 들어온다. 한국콘텐

츠진홍원의 '용어사전'에는 "뿔이나 대나무 또는 쇠붙이 등으로 전자篆字의 심心자를 나타내는 고사리 모양의 머리장식을 문양화한 것"이라면서 "고려 말기 연꽃잎 무늬 띠와 조선시대 도자기 등에 나타난다"고 설명하고 있다. 이어 "만사萬事가 마음먹은 대로 이루어지기를 바라는 뜻이 담겨 있다"고 덧붙였다.

'금동석장 머리장식'의 여의두 안에는 삼존불상이 연화좌蓮華坐 위에 모셔져 있다. 가운데 부처님은 앉아 있고, 양 옆의 두 분 부처님(보살)은 서 있다. 가운데 부처님은 오른손이 깨달음의 순간을 상징하는 항마촉지인降魔觸地印을, 왼손이 중생의 모든 두려움을 없애주어 안심安心하게 하는 시무외인施無畏印을 하고 있다. 깨달음을 구하려고 꾸준히 수행하는 동시에 무명으로 고통 받는 중생을 하나도 남김없이 구제하겠다는 원력을 표현한 것이다. 보살菩薩의 수행 목표인 상구보리하화중생上求菩提下化衆生을 상징적으로 나타내고 있다. 본존불 뒤 양쪽으로는 큰 연꽃 봉우리와 악기가 날아다니는 장면을 묘사했다. 좌우협시불은 보주형寶珠形 광배光背를 보이며 연화좌 위에서 두 손 모아 합장하고 있다. 보주는 불교에서 소중한 보배로 여기는 둥근 공 모양의 구슬이다.

한편 석장의 맨 위는 작지만 아름다운 5층탑으로 장식했다. 삼존불을 외호하는 여의두 모양의 큰 고리 안에는 3개의 작은 고리가 남아 있다. 보통 여섯 개의 고리를 달아 육바라밀六波羅蜜을 상징하는 경우가 많기에 3개의 고리는 사라진 것으로 보인다.

서울시는 시유형문화재 지정 당시 "비록 손잡이 부분은 결실 되고 머리

부분만 남아있지만 그 유례가 드문 중요한 작품"이라면서 "여의두 모양의 큰 고리와 윗부분의 탑, 내부의 불상조각, 작은 고리[環] 등의 조형성이 뛰어난 작품으로, 고려시대 석장을 대표할 만한 희귀한 예"라고 밝혔다.

3) 금강산 마하연명 주장자

천하제일 명산으로 손꼽히는 금강산金剛山. 일만 이천 봉을 거느린 명승지답게 크고 작은 절과 암자가 즐비하다. 명산名山에 명찰名刹이 있는 것은 자연스러운 일이다. 그 가운데 마하연摩訶衍은 예로부터 유명한 수행도량이었다.

억불숭유의 조선시대에 도첩제도度牒制度와 승과제도僧科制度를 부활시키는 등 불교중흥의 원력을 실천한 보우普愚 스님이 출가한 도량이다. 조선 중기에는 율곡 이이가 출가하여 1년간 불가의 가르침을 배우며 정진했다. 근세에는 청담, 성철, 경봉, 석주 스님 등이 수행했다.

금강산 마하연명摩訶衍銘 주장자가 전하고 있는데, 단양 방곡사가 소장하고 있다. 조선 순조 23년(1823)에 노간주나무로 만들었다. 길이는 103.5cm에 이른다. 전체적으로 옻칠이 되어 있고, 위 아래 부분은 철갑鐵甲으로 감쌌다. 손잡이 부분에는 '금강산 마하연'이란 글씨가, 상단에는 '노가지향목(老加枝香木, 노간주나무)'이란 글씨가 새겨져 있다.

조선 후기 마하연에 주석하던 율봉선사(栗峰禪師, 1738~1823)가 만들었거나, 물려받아 사용한 것이라고 한다. 율봉선사 주장자는 덕암德菴 스님을 거쳐 방곡사 회주 묘허妙虛 스님에게 전해졌다. 덕암 스님은 1930년 금강산 3대 사찰 유점사楡岾寺에서 벽산 스님을 은사로 출가했다. 마하연은 유점사 말사이다.

노간주나무는 노가지향목, 노가지 나무로도 불린다. 측백나무과 향나무속에 속하며 4월에서 5월 사이에 꽃이 핀다. 한국, 중국, 일본 등 동아시아 산지에서 자라는 '상록침엽교목'에 해당한다, 갈색을 띤 나무껍질이 세로로 길고 얇게 갈라진다. 물에 잘 썩지 않아 주장자 또는 각종 농기구를 만드는데 사용한다.

금강산 마하연명 주장자는 역사적 문화적 가치를 인정받아 2012년 7월 충청북도 유형문화재 제329호로 지정됐다. 문화재청은 '국가문화유산포털'에서 "향목 상단의 11㎝ 아래 지점에 크게 '불佛'자를 음각하여 외주를 만들고 그 내부에는 횡으로 '금강산 마하연金剛山 摩訶衍'이라는 2행 6자를 음각하였다"면서 "상단에서 27.5㎝ 지점에 소형의 금동연판장식 2매를 부착하고 세장한 쇠못으로 나무를 관통한 후 두 개의 고리가 장식되었다"고 설명하고 있다.

2. 주장자 용어 간단 해설

주장자(拄杖子) 스님들이 짚고 다니는 지팡이다. 들어 보이거나 내리쳐 불법佛法을 전하는 법구法具이다. 스님들이 설법을 할 때 사용한다. 수행자의 공부를 안내하고 정진을 독려한다. 주로 경내나 법당에서 사용한다. 외부에 출입할 때는 윗부분에 6개의 고리를 달아 소리를 내는 육환장을 이용한다.

석장(錫杖) 출가 수행자가 짚는 지팡이. 산스크리트어 'khakkhara'를 의역해 성장聲杖 또는 지장智杖이라고 번역한다. 음역은 극기라隙棄羅이다. 지팡이의 윗부분은 주석錫, 가운데는 나무, 아랫 부분은 뿔이나 아牙를 사용한다.

극기라(隙棄羅) 주장자 또는 석장을 의미하는 산스크리트어 'khakkhara'를 음역한 것이다.

사환장(四環杖) 고리 네 개를 달아 사환장이라고 한다. 네가지 성스러운 진리인 고집멸도苦集滅道 사성제四聖諦를 상징한다. 고의 원인이 무엇이고, 궁극적으로 열반에 이르는 길을 알려준다.

육환장(六環杖) 지팡이 윗 부분은 탑 모양으로 만들어 큰 고리를 끼웠다. 그리고 큰 고리에 작은 고리 여러 개를 달았다. 보통 육바라밀을 상징하는 고리 여섯 개를 달아 육환장이라 한다. 밖을 다닐 때 큰 고리와 작은 고리가 부딪히고 지팡이가 땅에 닿는 소리가 나 벌레나 짐승을피하게 한다. 미물을 포함해 모든 중생이 육환장 소리를 듣고 윤회에서 벗어나길 기원하는 의미도 있다. 출가 수행자가 탁발을 하러 마을에 갔을 때 흔들어 도착했음을 알린다.

팔환장(八環杖) 여덟 개의 고리를 달아 팔환장이라 한다. 깨달음에 이르는 수행의 올바른 여덟가지 길인 팔정도八正道를 상징한다. 팔정도는 정견正見, 정어正語, 정업正業, 정명正命, 정념正念, 정정正定, 정사유正思惟, 정정진正精進이다.

십이환장(十二環杖) 열두 개의 고리를 매딸아 십이환장이라 한다. 번뇌에서 고苦에 이르는 12가지 인과因果를 상징한다. 무명無明, 행行, 식識, 명색名色, 육처六處, 촉觸, 수受, 애愛, 취取, 유有, 생生, 노사老死이다.

법장(法杖) 부처님 가르침의 지팡이, 주장자의 또 다른 이름이다.

덕장(德杖) 덕이 있는 지팡이. 주장자의 또 다른 이름이다.

지장(智杖) 지혜의 지팡이. 주장자의 또 다른 이름이다.

유성장(有聲杖) 소리 나는 지팡이. 주장자의 또 다른 이름이다.

성장(聲杖) 소리 나는 지팡이. 주장자의 또 다른 이름이다.

선장(禪杖) 참선 수행자의 지팡이. 주장자의 또 다른 이름이다.

승석(僧錫) 스님의 주장자나 석장錫杖이다.

금책(金策) 스님들이 짚고 다니는 주장자의 또 다른 이름이다. 중국 동진東晋의 손작(孫綽, 314~371)이 '유천태산부遊天台山賦'에서 '진금책지영령振金策之鈴鈴'이라고 한데서 유래했다. "방울 소리 울리며 금책을 떨친다"는 뜻이다. 책策은 지팡이다.

병석(缾錫) 스님들의 필수품인 물 항아리, 발우, 석장錫杖을 함께

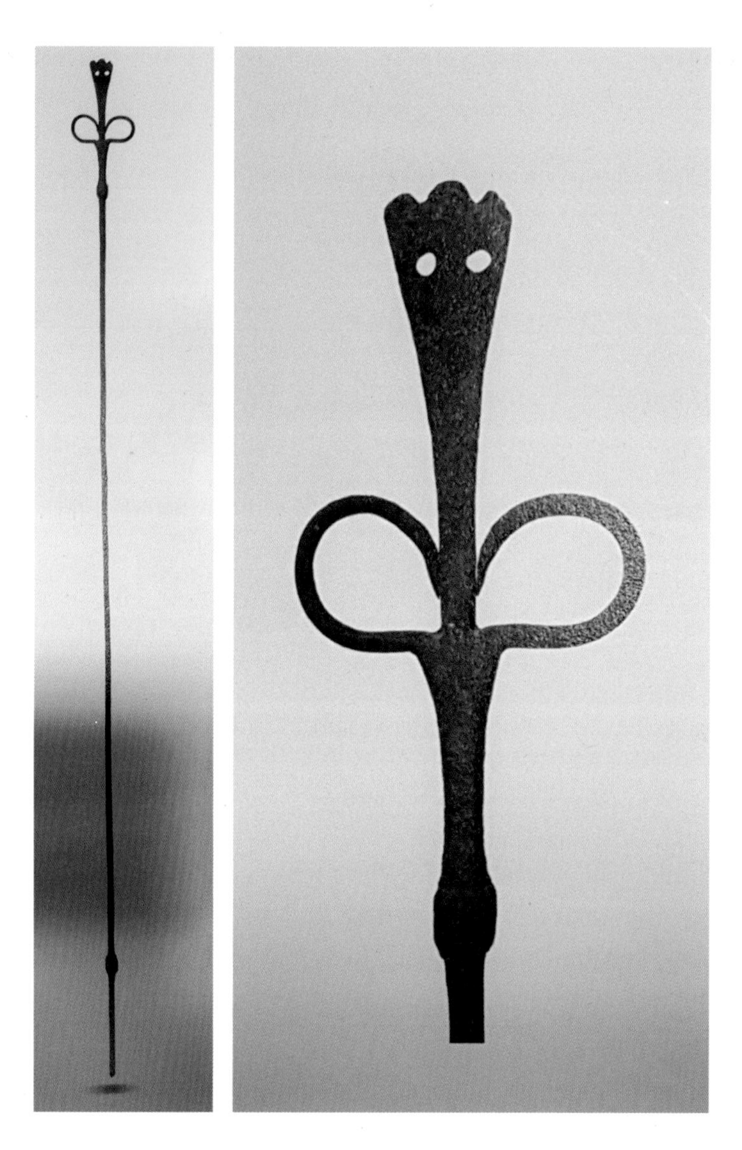

영축총림 통도사성보박물관이 소장하고 있는 조선후기 석장이다. 길이는 175.5cm이다. 석장은 두타행頭陀行을 상징한다. 통도사에 전해오는 석장은 전체를 쇠로 만들었다. 특히 석장의 맨 윗부분은 사람 눈을 형상화 했다. 무명의 사바세계에서 지혜의 눈으로 정진할 것을 상징적으로 표현했다.

이른다. 스님의 생애를 비유한다.

비석(飛錫) 주장자나 석장錫杖을 날린다는 뜻이다. 스님의 출입出入을 상징적으로 표현한다. 비공飛笻도 같은 의미이다.

주석(駐錫) 스님이 도량에 머물며 수행에 집중하는 것을 말한다. 외부에 출타할 때 짚고 다니는 주장자나 석장을 '머무르게 한다'는 뜻에서 비롯됐다.

정두(淨頭) 주장자 윗부분.

촉두(觸頭) 주장자 아랫부분.

즐률(楖慄) 주장자拄杖子를 만드는 데 많이 사용하는 나무이다. 주장자라는 의미로도 사용한다.

방(棒) 말로 표현하기 힘든 수행의 경지를 드러내는 것이다. 주장자를 들어 보이거나 내리 치며 수행을 경책하는 것을 의미한다.

하방(下棒) 제자를 경책하기 위해 주장자로 치는 것이다.

삼현(三玄)

임제선사臨濟禪師가 주창한 선종禪宗의 기본 가르침으로 체중현體中玄, 구중현句中玄, 현중현玄中玄을 통칭한다. 체중현은 삼세일념三世一念, 구중현은 경절어구徑截語句, 현중현은 법상法床에서 주장자를 들거나 내리쳐 방棒을 하는 것이다. 체중현, 용중현用中玄, 의중현意中玄을 삼현이라고 하는 경우도 있다.

감태나무

재질이 단단해 주장자를 만들 때 주로 사용하는 나무다. 햇빛이 잘 드는 산지의 경사진 곳에서 잘 자란다. 백동백나무, 간자목이라고도 불린다. 나무줄기에 검은 띠가 있어 '감태나무'라고 한다. 4~5월에 노란색 꽃을 피우고 열매는 검게 익는다. 잎은 먹을 수 있고, 뿌리와 열매는 약으로 사용한다. 영남에서는 '도리깨열나무'라고 한다.

용안목(龍眼木)

벼락 맞은 감태나무의 검게 탄 부분이 마치 용龍의 눈처럼 보여 붙은 이름이다. 주장자를 만드는데 많이 사용한다. 갑자목甲子木, 천둥목, 연수목延壽木, 벽뢰목霹雷木이라고도 한다.

삽목(插木)

나무를 땅에 꽂아 심는 것을 나타낸다. 스님들이 짚고

다니던 주장자를 땅에 꽂았는데, 살아서 자라 큰 나무가 되었다는 삽목설화가 많이 전해온다.

두타행(頭陀行) 두타는 닦고, 털고, 버린다는 뜻이다. 탐진치 삼독三毒과 망념妄念, 망상妄想을 털어 버리는 수행이다. 세속의 욕망을 모두 떨쳐버리는 수행을 가리킨다. 부처님 10대 제자 가운데 마하가섭을 두타제일頭陀第一이라고 했다. 구체적인 방법으로 12두타행, 13두타행, 16두타행, 25두타행이 있다. 그 가운데 가장 기본이 되는 12두타행은 다음과 같다. ① 세간과 멀리한 조용한 곳에 머물고(재아란야처在阿蘭若處) ② 항상 걸식을 하며(상행걸식常行乞食) ③ (빈부를 가리지 않고) 차례로 걸식하며(차제걸식次第乞食) ④ 하루에 한번 공양하며(수일식법受一食法) ⑤ 적절하게 공양하며(절량식節量食), ⑥ 정오가 지나면 먹지 않고(중후부득음장中後不得飮漿) ⑦ 검소한 옷만 입고(착폐납의着弊衲衣) ⑧ 옷 세벌만 갖추고(단삼의但三衣), ⑨ 무덤에 머물며 공부하고(총간주塚間住), ⑩ 나무 밑에 머물고(수부지樹下止) ⑪ 길에 앉으며(영지좌露地座) ⑫ 다만 앉기만 하고 눕지 않는다(단좌불와但座不臥)

3. 『득도제등석장경 』

주장자(석장)가 '비구 18물'에 들어 있는 것은 출가수행자의 일상 필수품이기 때문이다. 수행자와는 뗄 수 없는 주장자(석장)의 의미를 자세하게 설명한 경전이 있다. 중국 동진(東晋, 317~420) 시대의 『득도제등석장경得道梯橙錫杖經』이 그것이다. 앞서 나온 경전을 한문으로 옮긴 것으로 보이며, 누가 번역했는지 알 수 없다. 줄여 『득도제등경得道梯橙經』 또는 『석장경錫杖經』이라고 한다.

석장이 지닌 의미와 지니는 예법 등에 대한 가섭존자迦葉尊者의 질문에 부처님이 답하는 형식으로 구성되어 있다. 석장을 지니는 위의법威儀法이 중국 원나라본(元本)과 명나라본(明本)에는 없는데, 송나라본(宋本)과 고려대장경高麗大藏經에는 실려 있다.

『득도제등석장경』 한문본은 고려대장경연구소 '고려대장경 지식베이스'의 '정자본正字本'이다. 한글본은 『한글대장경』 (송성수 번역)이다.

한문본

『得道梯橙錫杖經』　　　詞

失譯人名 今附東晉錄

爾時,世尊告諸比丘 :「汝等皆應受持錫杖. 所以者何? 過去諸佛執持錫杖, 未來諸佛執持錫杖, 現在諸佛亦執 是杖. 如我今日成佛世尊, 亦執如是應持之杖. 過去, 未來, 現在諸佛, 教諸弟子, 亦執錫杖. 是以我今成佛世尊, 如諸佛法, 以教於汝, 汝等今當受持錫杖. 所以者何? 是錫杖者, 名爲智杖,亦名 德杖. 彰顯聖智, 故名智杖. 行功德本, 故曰德杖. 如是杖者, 聖人之表式, 賢士之明記, 趣道法之正幢, 建念義之志. 是故汝等咸持如法.

爾時, 尊者迦葉從坐而起, 整衣服, 偏袒右肩, 合掌 踋跪, 而白佛言 :「世尊云何名錫杖? 云何而受持? 唯然. 世尊願敷演說, 我等奉行.」

佛告迦葉 :「諦聽, 善思. 當爲汝說. 所言錫杖者, 錫者輕也. 依倚是杖, 得除煩惱, 出於三界, 故曰輕也. 錫者明也. 持杖之人, 得智慧明, 故曰明也. 錫言不迴, 持是杖者, 能出三有, 不復染著, 故曰不迴. 錫言惺也. 持是杖者, 惺寤苦空, 三界結使, 明了四諦, 十二緣起, 故曰惺也. 錫言不慢, 持是杖者, 除斷慢業, 故曰不慢. 錫者言疏, 持此 杖者, 與五欲疏, 斷貪愛結, 散壞諸陰, 遠離五蓋, 志趣涅槃, 疏有爲業, 故曰 疏也. 錫言採取, 持是杖者, 採取諸佛 戒, 定, 慧寶, 獲得解脫, 故曰採取. 錫者成也. 持是杖者, 成就諸佛法藏, 如說 修行, 不令缺減, 悉具成就, 故曰成也.」

佛告迦葉 :「如是錫字, 其義廣多, 不可 具陳. 汝今且當如是受持.」

迦葉白佛言 :「世尊, 是錫杖者, 其義如是. 云何智杖? 乃至建念義之志? 唯然. 世尊, 願爲敷演.」佛言 :「是錫杖者, 爲修智士, 廣修 多聞, 解世, 出世, 分別善惡, 有爲, 無爲, 有漏, 無漏, 了智無导, 智慧成就, 故日智杖. 爲持禁戒, 忍辱′禪定, 一心不亂, 常修福業, 無時懈怠, 如救頭然, 故日 德杖. 攝持是杖, 如斯之人, 內具十六行. 謂四諦, 苦, 集, 滅道;四等, 慈, 悲, 喜, 捨; 四禪, 初禪, 二禪, 三禪, 四禪 ; 四無色定, 空處, 識處, 不用處, 非想非非想處. 復具三十七行, 謂三十七助道法. 於是法 中了了分別自身作證不隨音聲於是法, 中而自遨, 戲入空無. 相無願解, 脫門自在, 無難名之爲聖內有, 是, 德, 外執, 錫杖, 表式此人必有, 聖德戒定, 忍慧三明, 六通及八, 解脫皆悉具有以記此人望表生敬故日聖人之表式也賢士之明記者內有智性故日賢士明記, 此人內有, 智性習功德本. 於法增進善心, 成辦故曰, 賢士明記, 此人不久, 之間智慧, 成就入無, 爲處寂然宴靜涅槃安樂第一義道故日趣道之法幢, 建念義之志者, 是杖有, 三, 鬲見三鬲重則念三塗苦惱則修戒定慧念三災老病, 死則除三毒貪. 瞋癡念, 三界之, 無常則, 信重於三, 寶除三惡, 斷三漏淨, 三業欲具, 三明入三, 解脫得三. 念處通三達, 智故立三, 鬲以相重也復有四鈷者用斷四生念四諦修四等入四禪淨四空明四念處堅四, 正勤得四神足故立, 四楞通, 中鬲五, 用斷五, 道苦惱, 輪迴修五根, 具五力除. 五蓋散五, 陰得五分法身, 故立 五也十二環者用念十二因緣通達無导. 修行十二門禪, 令心無患. 三重, 四楞, 合數成七, 以念如來七覺意法. 成就七聖財, 通鬲鑽八用念八正道, 得八解脫, 除滅八難, 故用八也. 略說錫杖其義如是, 汝當善持.」迦

葉白佛 :「如是. 世尊如聖法教.」爾時, 迦葉復白佛言 :「世尊, 三世諸佛法同是也.」佛言 :「有杖是同, 若用不同, 或有四鈷, 或有二鈷, 環數無別, 但我今日四鈷, 十二環, 用是之鈷. 二鈷者,

迦葉, 如來之所制立, 令諸衆生記念 二諦, 世諦, 第一義諦, 以立其義.」爾時, 世尊說此法已, 尊者迦葉千二百衆, 及諸大會, 皆悉歡喜, 頂戴奉行. 凡體法, 上臺法天, 下臺法地, 四支法四天王, 十二環法十二因緣, 包含天地, 人天上下, 無不斯盡. 凡發慈, 廣生萬行, 物不准此. 已起善本, 持此杖法, 齎天挾地, 著左脅下, 以小指句之. 使兩頭平正, 不令高下. 鳴則常鳴, 不令聲絕. 其聲均細調和, 恒使若初. 若初無聲訖, 一行處不令有聲. 若初有聲訖, 一行處常令有聲. 亦使麤細一等不得, 或麤或細. 僧置左足, 尼置右足, 不得著地. 若檀越不出, 近至三家, 遠滿七家, 若不得更不容多過, 若過非行者法. 若限內得食, 持杖懸之樹上, 勿令著地. 若無樹著地, 就地平處一不令傾側. 眠時, 安杖與身相順, 置之牀後, 正與身齊, 不令前卻. 持行路止息時, 頭常向日, 勿令倒逆違背. 持此杖卽持佛身, 萬行盡在其中, 謂持天挾地, 幷觀十二因緣, 爲護身, 一切如其傾側, 一切萬物皆亦傾側, 如其平正, 一切含生. 皆令安隱無爲, 若下臺著地之時, 令三塗衆生苦劇踰增, 若不著地, 令三塗衆生因之得拔, 如其顚倒, 則逆世界, 亦令行者其心迷亂. 若能順持, 彼此俱利若如是持, 具現得威儀出入護助. 後得獲果, 速成正覺.

持錫杖威儀法, 有二十五事. 持錫杖十事法. 一者爲地有虫故, 二者爲年朽老故, 三者爲分越故, 四者不得手持而前郤, 五者不得擔杖著肩上, 六者不得擴著肩上手垂兩頭, 七者出入見佛像不聽有聲, 八者杖不得入衆, 九者不得妄持至舍後, 十者杖過中不出. 復有五事. 一者遠請行宿, 過中得出；二者至病瘦家, 過中得出；三者送過世者, 過中得出；四者外道請者, 過中得出；五者不得將杖指人, 畫地作字. 復有五事. 一者三師俱出, 不得持杖自隨；二者四人共行, 除上座, 不得普持, 三者到檀越門, 好正威儀；四者入檀越門, 三抖擻三反, 不出從至餘家；五者檀越出, 應持杖著左肘中央. 復有五事. 一者杖恒在己房中, 不得離身；二者不聽下頭著地；三者不聽杖許生衣；四者日日須好磨拭；五者杖欲出時, 當從沙彌邊受. 若無沙彌, 白衣亦得.

錫杖四鈷應四諦 環應十二因緣

中召明中道義 上頭應須彌頂

第二應須彌山 中央木應於空

下錯應須彌根.

沙門之法, 解空得道, 執此惺寤, 世間

一切衆生, 諸比丘等至心奉行.

한글본

『득도제등석경』

역자 미상. 지금『동진록』에 붙임.

그때 부처님께서 여러 비구들에게 말씀하였다.

"너희들은 모두 석장錫杖을 받아 지녀야 한다. 왜냐하면 지나간 세상의 모든 부처님이 석장을 가졌고 오는 세상의 모든 부처님도 석장을 가질 것이며, 지금 세상의 모든 부처님도 이 석장을 가지기 때문이다.

내가 오늘날 부처가 되어 또한 이렇게 반드시 가져야 할 석장을 지니듯이, 지나간 세상과 오는 세상과 지금 세상의 모든 부처님이 그 제자들에게도 석장을 가지라고 가르치셨다. 그러므로 내가 이제 부처가 되어 모든 부처님 법과 같이 너희들에게 가르치는 것이니, 너희들은 지금 석장을 받아 지니라.

왜냐하면 이 석장이란 지혜의 지팡이[智杖]며, 덕의 지팡이[德杖]이기 때문이다. 성인의 지혜를 뚜렷하게 나타내는 까닭에 지혜의 지팡이라 하고, 공덕을 행하는 근본인 까닭에 덕의 지팡이라고 한다. 이러한 석장은 성인의 표식表式이며, 현명한 이의 밝음의 표시[明記]이며, 도법道法에 나아가는 바른 당기

[正幢]이며, 생각한 이치를 이룩하는 뜻이다. 그러므로 너희들은 모두 여법하게 지녀야 한다."

그때 가섭이 자리에서 일어나 가사를 정돈하고 오른쪽 어깨를 드러내고는, 합장하고 꿇어앉아 부처님께 여쭈었다. "세존이시여, 왜 석장이라 하며, 어떻게 받아 지녀야 합니까? 세존이시여, 원하건대 자세히 말씀해 주십시오. 저희들이 받들어 행하겠습니다."

부처님께서 가섭에게 말씀하셨다. "자세히 듣고 잘 기억하라. 너에게 말하리라. 석장에서 석錫은 가볍다[輕]는 뜻이다. 이 석장을 의지해 번뇌를 제거하고 삼계를 벗어나기 때문에 가볍다고 한다. 또 석은 밝다[明]는 뜻이니, 석장을 짚는 사람은 지혜의 밝음을 얻기 때문에 밝다고 한다. 석은 돌아오지 않는다[不迴]는 뜻이니, 이 석장을 짚는 사람은 삼계를 벗어나 다시는 물들고 집착하지 않기 때문에 돌아오지 않는다고 한다. 석은 깨어나다[惺]는 뜻이니, 이 석장을 짚는 사람은 괴롭고 공한 삼계의 번뇌를 깨달아 4제와 12연기를 분명히 알기 때문에 깨어난다고 한다. 석은 거만하지 않다[不慢]는 뜻이니, 이 석장을 짚는 사람은 거만한 업을 제거하여 끊어 버리기 때문에 거만하지 않다고 한다. 석은 멀리 한다[疏]는 뜻이니, 이 석장을 짚는 사람은 5욕을 멀리하여 탐애의 번뇌를 끊고 모든 음陰을 산산이 무너뜨리고 5개蓋를 멀리 여의며 열반으로 나아갈 뜻을 세워 유위업有爲業을 멀리하기 때문에 멀리한다고 한다. 석은 채취採取한다는 뜻이니, 이 석장을 가지는 사람은 모든 부처님의 계율, 선정, 지혜의 보배를 채취하여 해탈을 얻기 때문에 채취한다고 한다. 석은 이룬다[成]는 뜻이니, 이 석장을 가지는 사람은 모든 부처님의 법장法藏을 이루고 부처님 말씀대로 수행하여 모자라거나 줄어들지 않게 하고 모두 성취하기 때문에 이룬다고 한다."

부처님께서 이어 가섭에게 말씀하셨다. "이와 같이 '석'이란 글자는 그 뜻이 넓고 많아 일일이 다 늘어놓을 수가 없다. 너는 이제 이와 같이 받아 지녀야 한다."

가섭이 부처님께 여쭈었다. "세존이시여, 석장은 그와 같습니다. 그럼 왜 지혜의 지팡이라 하시고, 내지 생각하는 이치를 이룩하는 뜻이라 하십니까? 세존이시여, 원하건대 자세히 설명해 주십시오."

부처님께서 말씀하셨다. "이 석장은 지혜를 닦는 선비로 하여금 널리 많은 것을 듣게 하고, 세간과 출세간을 이해하게 하며, 선악과 유위有爲 무위無爲와 유루有漏 무루無漏를 분별하게 하며, 분명한 지혜로 걸림이 없어 지혜를 성취하게 한다. 따라서 '지혜의 지팡이'라 한다. 금계禁戒 인욕忍辱 선정禪定을 지녀 한결같은 마음으로 어지러움이 없게 하며, 머리에 붙은 불을 끄듯 게으름 부리는 때가 없이 항상 복업을 닦게 하므로 '덕의 지팡이'라 한다.

이 석장을 지니는 사람은 안으로 16행을 갖추니, 4제諦인 고苦 집集 멸滅 도

道와 4등等인 자慈 비悲 희喜 사捨와 4선禪인 초선 2선 3선 4선과 4무색정無色定인 공처空處 식처識處 불용처不用處 비상비비상처非想非非想處가 그것이다. 또 37행을 갖추니 37조도법助道法이 그것이다. 이 법 가운데 똑똑히 분별하여 자신이 직접 증득하고 음성을 따르지 않으며, 이 법 가운데서 스스로 즐겁게 노닐고 공空 무상無相 무원無願의 해탈문에 들어가 자재하며 어려움이 없으니, 이를 성인[聖]이라 한다.

안으로 이런 덕이 있을 때 밖으로 석장을 가져 이런 사람임을 표시하는 것이다. 반드시 성인의 덕이 있어야 하니, 계율 선정 지혜와 3명明 6통通과 8해탈을 모두 다 갖춘 이런 사람을 나타내는 것이며, 사람들이 그 표식을 보고 공경하는 것이다. 따라서 '성인의 표식'이라 한다.

현명한 이의 밝음의 표시란, 안으로 지혜의 성품이 있기 때문에 현명한 이의 밝음의 표시라 한다. 이 사람은 안으로 지혜의 성품이 있으며, 공덕의 근본을 익히며, 법을 더욱 불어나게 하며, 착한 마음을 성취하기 때문에 '현명한 이의 밝음의 표시'라 한다.

이 사람은 오래지 않아 지혜를 성취하여 고요하고 편안한 무위처無爲處와 제일의도第一義道인 열반의 안락함에 들어가기 때문에 '도에 나아가는 법의 당기'라 한다.

생각하는 이치를 이룩하는 뜻이란, 이 석장에 3격隔이 있고 이 석장으로 3격이 겹침을 본다는 것이다. 곧 3도塗의 고뇌를 생각해 곧 계율 선정 지혜를 닦으며, 3재災인 늙음 병듦 죽음을 생각해 곧 3독毒인 탐욕 성냄 어리석음을 제거하며, 삼계三界의 무상을 생각해 곧 삼보三寶를 믿고 존중하며, 3악惡을 제거하고, 3루漏를 끊고, 3업業을 깨끗이 하고, 3명明을 갖추고자 하고, 3해탈解脫에 들어가고, 3염처念處를 얻고, 3달지達智를 통달한다. 따라서 3격을 세우고 서로 겹친 것이다.

또 4첩鉆이 있다. 이것으로 4생生을 끊으며, 4제諦를 생각하며, 4등等을 닦으며, 4선禪에 들며, 4공空을 깨끗이 하며, 4염처念處를 밝히며, 4정근正勤을 굳게 하며, 4신족神足을 얻는다. 따라서 4첩을 세운 것이다.

전체 안에 격隔이 다섯이니, 이것으로 5도道의 고뇌와 윤회를 끊으며, 5근根을 닦으며, 5력力을 갖추며, 5개蓋를 제거하며, 5음陰을 흩어버리며, 5분법신分法身을 얻는다. 따라서 5격을 세운 것이다. 열두 고리[環]란 12인연因緣을 생각하여 통달하고 걸림이 없으며, 12문선門禪을 수행하여 마음에 근심이 없게 하는 것이다. 3격의 겹침과 4능(楞, 鉆)이 합한 수로 7이 이루어진다. 이것으로 여래의 7각의법覺意法을 생각하고, 7성재聖財를 성취한다.

전체의 격에 여덟 구멍을 뚫으니, 이것으로 8정도正道를 생각하고, 8해탈解脫을 얻으며, 8난難을 제거하여 없앤다. 그래서 여덟 개로 한 것이다. 석장에 대해 간략히 설명하면 그 이치가 이와 같으니, 너는 잘 지녀야 한다."

가섭이 부처님께 말씀드렸다. "그렇게 하겠습니다. 세존이시여, 거룩한 법의 가르침대로 하겠습니다."

그때 가섭이 다시 부처님께 여쭈었다. "세존이시여, 3세 모든 부처님의 법이 이와 같습니까?"

부처님께서 말씀하셨다. "석장이 있는 것은 같다. 그러나 쓰임은 같지 않다. 혹 고鈷가 네 개이기도 하고, 혹은 고가 두 개이기도 한데, 고리의 수는 차이가 없다. 다만 나는 오늘 네 개의 고와 열두 개의 고리를 사용하는 것을 가르친다. 두 개의 고를 사용하는 것은 가섭여래께서 제정하신 것이다. 모든 중생들에게 2제諦 즉 세제世諦와 제일의제第一義諦를 분명히 기억하게 하려고 그런 이치를 세운 것이다."

그때 부처님께서 이 법을 말씀하시자 가섭과 1200 대중과 모든 큰 모임의 대중들은 다들 기뻐하며 정수리에 떠받들고 받들어 행하였다.

"무릇 법을 체달하는 것이니 상대上臺는 하늘을 본받고, 하대下臺는 땅을 본받고, 4지支는 사천왕을 본받고, 열두 고리는 12인연을 본받아 하늘 땅 사람과 천상 천하를 포함해 여기에서 다하지 않는 것이 없다. 무릇 자비를 일으키는 것이니, 널리 만 가지 행을 일으킴에 있어 이것을 준하지 않아서는 안 된다.

선善의 바탕을 일으킨 뒤 이 석장을 지니는 법은 다음과 같다. 하늘을 지니고 땅을 끼는 것이니, 왼쪽 갈비뼈 아래에 붙이고 [아래 세 개의] 작은 손가락으로 그것을 당겨서 잡으며, [엄지와 검지] 두 끝은 평평하고 바르게 해 [어느 하나가] 높거나 낮게 하지 않는다. 울릴 땐 항상 울려서 소리가 끊어지지 않게 하며, 그 소리를 고르고 가늘며 조화롭게 하고 항상 처음과 같게 하라. 만일 첫걸음에 소리가 없이 끝났으면 그 행로에서는 내내 소리를 내지 말며, 만일 첫걸음에 소리가 나고 끝났으면 그 행로에서는 내내 소리를 울려야 한다. 또한 큰 소리건 작은 소리건 한결같게 해야지 큰 소리를 냈다가 작은 소리를 냈다가 해서는 안 된다.

[시주의 집 앞에 멈췄을 때] 비구는 왼쪽 발에 놓으며 비구니는 오른쪽 발에 놓아야지 땅에 내려놓아서는 안 된다. 만일 시주가 나오지 않으면 가까이는 세 집까지 가고 멀리 가도 일곱 집까지만 가라. [음식을] 얻지 못했더라도 다시 더 지나가서는 안 되니, 만일 지나간다면 그건 수행자의 법이 아니다. 그 한도 내에서 밥을 얻었으면 석장은 나무 위에 걸어 놓고 땅에 내려놓지 말라.

만일 나무가 없어 땅에 내려놓아야 하면 땅의 평평한 곳을 골라 조금도 기울어지지 않게 하라. 잠자며 석장을 둘 때는 석장과 몸을 나란히 두고, 상床 뒤에 석장을 둘 때는 똑바로 몸과 가지런히 하며 앞으로 기울어지지 않게 하라. 지니고 길을 가다가 쉴 때는 머리 쪽을 항상 해를 향하게 해야지 거꾸로 하거나 등지게 해서는 안 된다.

이 석장을 지니는 것은 곧 부처님의 몸을 지니는 것이며, 만 가지 행이 다 그 안에 있으므로 하늘을 지니고 땅을 낀다고 하며, 아울러 12인연을 관하여 일체의 몸을 보호하는 것이다. 따라서 그것이 기울면 온갖 만물이 모두 또한 기울며, 그것이 똑바르면 일체 중생을 모두 편안하고 함이 없게[無爲] 하는 것이다. 하대가 땅에 닿으면 그때 3도塗 중생들의 고통이 심해지고 더욱 늘게 되며, 땅에 닿지 않으면 3도 중생들이 그 때문에 구원을 얻게 된다. 거꾸로 넘어지면 세계가 거꾸로 넘어지고 수행자의 그 마음 또한 헛갈려 어지럽게 되며, 바르게 지니면 피차에게 모두 이롭다. 만일 이와 같이 지닌다면 위의를 모두 나타내어 출입을 돕고 보호할 것이며, 뒤에는 과보를 획득해 깨달음을 빨리 이룰 것이다.

석장을 지니는 위의법威儀法에 스물다섯 가지가 있다.

석장을 지니는 열 가지 법은 다음과 같다. 첫째 땅에 벌레가 있기 때문이며, 둘째 나이가 많기 때문이며, 셋째 걸식[分越] 때문이며, 넷째 손으로 잡고 앞으로 내뻗지 말 것이며, 다섯째 석장을 어깨 위에 걸치지 말 것이며, 여섯

째 어깨 위에 가로 메고 두 손을 양 끝에 걸치지 말 것이며, 일곱째 출입할 때 불상을 보면 소리를 내지 말 것이며, 여덟째 석장을 짚고 대중에 들어가지 말 것이며, 아홉째 함부로 들고서 집 뒤로 가지 말 것이며, 열째 정오가 지나면 석상을 짚고 외출하지 않는 것이다.

또 다섯 가지가 있다. 첫째 먼 곳으로 청을 받아 가서 자야 할 때에는 정오가 지나도 짚고 외출할 수 있고, 둘째 환자의 집을 찾아갈 때는 정오가 지나도 짚고 외출할 수 있고, 셋째 문상을 갈 때는 정오가 지나도 짚고 외출할 수 있고, 넷째 외도가 청하면 정오가 지나도 짚고 외출할 수 있으며, 다섯째 석장을 가지고 사람을 가리키거나 땅에 그림을 그리거나 글을 써서는 안 된다.

또 다섯 가지가 있다. 첫째, 3인의 스승이 함께 갈 때는 석장을 짚고 따라나서서는 안 되며, 둘째 네 사람이 함께 갈 땐 상좌上座를 제외하고는 모두 지녀서는 안 되며, 셋째 시주의 집 문에 이르러서는 위의를 좋고 바르게 하며, 넷째 시주의 집 문에 들어가서는 석장을 세 번 울리는데, 세 번을 반복해도 나오지 않으면 조용히 다른 집으로 가며, 다섯째 시주가 나오면 석장을 왼손 발꿈치 중앙에 낀다.

또 다섯 가지가 있다. 첫째 석장은 항상 자기 방안에 두고 몸에서 떠나지 않게 하며, 둘째 아래 끝을 땅에 대는 것을 허락하지 않으며, 셋째 속인에게는 석장을 허락하지 않으며, 넷째 날마다 잘 닦고 털어야 하며, 다섯째 석장은 외출하려 할 때 사미沙彌 편으로 받아야 할 것이며 만일 사미가 없으면 속인도 될 수 있다.

석장의 네 모서리는 네 가지 진리요
열두 고리는 12인연과 상응하며
중소中召는 중도의 뜻 밝힌 것
가장 꼭대기는 수미산의 이마요
두 번째는 수미산과 상응하는 것
중앙의 나무는 허공이 되며
아래 끝은 수미산의 뿌리가 되네.

사문의 법은 공空을 알아서 도를 얻는 것이니, 이것을 가지고 깨달아라."

세간의 일체 중생들과 여러 비구들은 지극한 마음으로 받들어 행하였다.

4. 공안 목록

출가 수행자가 지니는 주장자의 또 따른 이름이 선장禪杖이다. 방장方丈이나 조실祖室 등이 주장자를 들어 보이거나 내리쳐 납자衲子들의 정진을 독려하고 경책할 때 사용하는 법구法具이다. 따라서 주장자는 화두話頭를 들고 수행하는 수좌首座들에겐 지남指南이며, 스승이며 도반道伴이다.

공안公案은 원래 공부안독公府案牘의 줄인 말로 본래는 국민이 지켜야 할 법률이란 의미다. 그러나 예로부터 선가禪家에서는 조사祖師들의 설說, 언구言句, 문답問答을 공안이라 지칭한다. 화두와 공안을 지극히 참구參究하여 깨달음의 경지에 이르는 수승한 수행이 간화선看話禪이다.

1700 공안이 있지만 실상은 다 같은 것이다. 선禪을 한다, 수행修行을 한다, 마음공부를 한다는 것은 '마음을 닦는다'는 말이다. 공부 가운데 으뜸이 바로 마음공부이며, 최상의 공부가 마음수행이다. 마음을 닦아 깨달아 부처 되는 것이 불교이다.

그러면 마음을 어떻게 닦느냐가 문제이다. 마음은 형상이 없어 물체를 닦듯이 쉽게 닦을 수 없다. 어둡고 탁한 마음을 밝게 하고 마음의 번뇌망상을 없애는 수행이 필요하다. 여러 가지 수행 가운데 화두 들고 정진하는 참선이 수승하다. 화두를 체득하고 타파해 확철대오廓徹大悟하면 부처가 된다.

화두를 타파하려면 첫째 대의정大疑情을 일으켜야 한다. 의정은 화두의 생명이다. 화두를 간절하게 들고 꾸준하게 쉼 없이 전력을 다해 참구參究해야 한다. 또한 자기 성품을 보아 부처를 이루고자하는 대발심大發心을 내야 한다. 화두 공부가 안 되는 것을 한탄하지 말고 발심發心 못한 것을 부끄럽게 여겨 대분심大憤心을 내고 용맹심勇猛心을 가져야 한다. 이와 더불어 화두를 참구하면 깨칠 수 있다는 철저한 믿음, 즉 대신심大信心을 가지고 정진하며 수시로 자기를 점검해야 한다.

화두를 모아 정리한 『무문관無門關』과 『벽암록碧巖錄』은 수좌들에게 깨달음의 길을 안내하는 스승이다. 『무문관』은 중국 송나라 무문혜개無門慧開 스님이 설한 화두 48가지를 모은 책이다. 선종禪宗 입문서나 마찬가지인 『무문관』은 무문 스님 제자인 종소宗紹 스님이 엮었다.

『벽암록』은 중국 송나라 시절 운문종雲門宗 제4조祖로 선풍禪風을 진작 시킨 설두중현雪竇重顯 스님이 저술한 것을 토대로 한다. 설두 스님은 『경덕전등록景德傳燈錄』에 실린 공안 1700칙 가운데 참선 수행에 요긴하게 쓰일 화두 100가지를 선별했다. 이어 임제종臨濟宗 제11조 원오극근圜悟克勤 스님이 더하고, 이를 원오 스님 제자들이 편집하여 펴냈다. 본래 명칭은 『불과원오선사벽암록佛果圓悟禪師碧巖錄』이며, 『벽암집碧巖集』이라고도 한다.

『무무관』 1칙則은 '조주구자趙州狗子'이다. 화두를 공안公案 또는 고칙古則이라 한다. 따라서 제1칙은 첫 번째 화두나 마찬가지다. 제1칙은 '조주무자趙州無字'로도 일컬어지는 가장 유명한 화두이다. 중국 당나라 마조도일(馬祖道一, 709~788)스님 제자인 조주진제(趙州眞際, 778~897) 스님의 일화이다. 어느날 한 스님이 조주 스님에게 물었다. "모든 중생에게 불성이 있다는데, 그러면 개에게도 불성이 있습니까?" 조주 스님이 답했다. "없습니다(無)."

무문 스님은 "조주의 '무無'는 선종 제일 관문으로, 이 관문을 통과해야 조주를 직접 볼 수 있을 것"이라면서 "생사에서 대자유를 얻기 위해선 오직 '무' 한 글자에 집중해 법등法燈을 밝혀야 한다"고 강조했다.

『무문관』 18칙은 '동산삼근洞山三斤' 이다. "어떤 것이 부처입니까?"라는 질문에 동산수초洞山守初 스님은 "마삼근麻三斤"이라고 답했다. 이에 무문無門 스님은 방합선蚌蛤禪을 체득한 것이라고 했다. 방합은 조개를 이르는 말이다. 즉 방합선은 조개껍데기를 조금 열었더니 모든 것을 다 드러내 보여준다는 의미이다. 무문 스님은 "말도 가깝지만 뜻은 더 가깝다"면서 "시비하는 사람은 그 자신이 시비에 떨어진 것"이라고 강조했다. 의심을 억지로 내어 공부하면 화두를 타파하기 어렵다. 자연스럽게 의심이 돌발突發해야 가능하다. 별안간 화두를 깨쳐야 한다는 것이다. 그렇지 않으면 화두는 생명력을 잃는다.

동산 스님에게 찾아온 한 스님이 '부처가 무엇인가'를 질문했을 때 저울 눈금이 삼근三斤을 가리키고 있었다. 동산 스님은 "마麻가 삼근이다"라고 답했다. 공부하는 이라면 이 대목에서 의심이 일어날 것이다. 화두로 삼아야 한다. "마삼근이 부처"라는 동산 스님 말씀에 깊이 들어가, 왜 그렇게 말했는지 살피는 것이 이 화두의 핵심이다. 생활에서 일어나는 수많은 일들이 곧 깨달음의 세계로 들어가는 정도正道임을 동산 스님은 말씀하고 계신 것이다.

진리의 세계는 현실과 동떨어져 있지 않다. 범부凡夫의 일상에 출세간出世間이 있는 것이다. 조고각하照顧脚下. 이곳이 바로 부처 자리이니, 마삼근이 부처라는 동산 스님 가르침은 명쾌하다.

평상시도平常是道. 『무문관』 19칙이다. 조주趙州 스님이 남전南泉 스님에게 질문했다. "과연 도道가 무엇입니까?" 남전 스님이 답했다. "평상심平常心이 도이다." 조주 스님은 "어떻게 도를 닦을 수 있습니까?"라고 다시 물었다. 남전 스님은 "도를 헤아리면 어긋난다"고 했다. 조주 스님이 재차 질문했다. "어찌 헤아리지 않고 도를 알 수 있습니까?" 남전 스님이 답했다. "도는 아는데도, 모르는데도 속하지 않는다. 안다는 것은 거짓 깨침이요, 모른다는 것은 무기(無記, 선악 분별이 없는 상태)이다. 헤아리지 않는 도道는 허공 같아 확연히 트이고 넓다. 그런데 어떻게 옳으니 그르니 억지로 할 수 있겠는가?" 이 말을 듣고 조주스님은 홀연히 깨달았다.

무문스님은 "쓸데없는 일에 마음을 두지 않으면, 바로 그때가 인간 세계의 호시절好時節"이라고 했다. 늘 같은 마음을 유지하는 평상심平常心은 수행에 있어 중요하다. 시비是非에 끄달리지 않고, 호불호好不好에 얽매이지 않고, 취사取捨하지 않는 마음이 평상심이다. 그 어떤 일에도 흔들리지 않고 평범한 마음을 유지하는 것이 진리에 가까워지는 길이다. 우리가 본래 지니고 있는 청정淸淨한 자성自性이 곧 불심佛心이다.

『무무관』 21칙은 '운문시궐雲門屎橛'이다. '운문 스님의 똥 막대기'란 뜻이다. "어떤 것이 부처님입니까"라는 질문에 운문(雲門, 864~949) 스님은 서슴없이 "마른 똥 막대기乾屎橛"라고 답했다. 가장 존귀하고 귀의의 대상인 부처님을 가장 더러운 똥 막대기에 비유했으니 충격적이다. 하지만 수행을 깊이한 운문 스님이 부처님을 똥 막대기라 이른 깊은 뜻이 있을 것이다. 이러한 의문에 집중하여 뜻을 아는 일, 그것이 화두를 참구하는 것이며, 깨달음에 이르는 길이다.

『무문관』 29칙은 비풍비번非風非幡이다. 어느 날 도량에 바람이 불었다. 깃발이 흔들렸다. 깃발을 보고 있던 두 스님이 서로 다른 주장을 폈다. 한 스님은 깃발이 움직이는 것이라고, 또 다른 스님은 바람이 움직인다고 설전舌戰을 벌였다. 지켜보고 있던 육조六祖 스님이 말했다. "깃발이 움직이는 것도, 바람이 움직이는 것도 아니다. 그대들의 마음이 움직이는 것이다." 깜짝 놀란 두 스님이 육조 스님을 바라보았다.

이 화두에 대해 무문 스님은 "바람, 깃발, 마음이 움직이는 것도 아니다"라며 "그렇다면 조사祖師를 어디서 볼 수 있는가"라고 반문했다. 육조 스님은 겉으로 드러난 일의 근본 원인이 마음에 있다고 지적했다. 문제의 해결책을 밖이 아닌 안에서, 즉 본인에게서 찾아야 한다는 메시지다. 만물의 일체 현상이 자기 자신의 마음에서 비롯됐다는 것이다. 그렇다면 마음은 어떻게 생겼을까? 『금강경金剛經』에서는 "과거심불가득過去心不可得 현재심불가득現在心不可得 미래심불가득未來心不可得"이라고 했다. 알 수 없다는 것이다. 하지만 마음은 분명 있지 않은가. "그대들의 마음이 움직이는 것이다"라는 육조 스님 가르침은 바깥 경계에 흔들리지 말고 본래심本來心을 찾으라는 의미다.

그런데 무문 스님은 바람도, 깃발도, 마음도 움직이는 것이 아니라고 했다. 주관도 객관도 자기도 대상도 구별하지 않을 때 진리에 가까워진다는 입장이다. 입을 열면 그르친다. 개구즉착開口卽錯.

『무문관』 34칙은 지불시도智不是道이다. "마음은 부처가 아니다. 지혜도 도가 아니다." 마음이 부처가 아니고 지혜도 도가 아니라니 의문이 들지 않을 수 없다. 마음이 부처이고 지혜가 도道라고 하면 쉽게 수긍할 수 있을 텐데 말이다. 지불시도 외에 『무문관』에는 남전참묘南泉斬猫, 평상시도平常是道, 불시심불不是心佛 등 남전 스님 화두가 여럿 등장한다. 지불시도를 포함해 이 공안들은 분별하는 마음과 집착을 버리라는 공통점이 있다. 지혜도 집착하지 말라는 경책이다. 지혜에 사로잡히는 순간 진리에서 멀어지기 때문이다. 집착을 끊어버리는 일, 그것이 수행의 시작이며 중간이며 끝이다. 그 어느 것에도 포로가 되지 않는 삶이 불제자의 길이다. 분별과 망념에서 비롯된 집착을 버리고 경계에 막히지 말라는 남전 스님의 강력한 메시지이다.

정전백수庭前栢樹. 『무문관』 37칙이다. 납자衲子는 물론 일반인도 잘 아는 가장 유명한 화두이다. 한 스님이 조주趙州 스님을 찾아와 물었다. "달마대사가 서쪽에서 온 뜻이 무엇입니까?" 조주 스님이 답했다. "뜰 앞의 잣나무이다."

무문 스님은 『무문관』에서 "말은 사실을 다 나타내지 않고, 적확的確하게 드러내지도 않는다"면서 "말을 쫓아가면 잃게 되고, 구절句節에 걸리면 헤맬 것"이라고 했다.

조주 스님이 주석한 관음원에는 수령이 1800년이 된 나이 많은 측백나무가 자라고 있다. 관음원 본래 이름인 백림선사栢林禪寺도 측백나무와 인연이 있는 것 같다. '여하시조사서래의如何是祖師西來意'에 조주 스님이 '정전백수자庭前栢樹子'라고 답한 것으로 보아, 잣나무 보다는 측백나무일 가능성이 크다. 하지만 잣나무 인들, 측백나무 인들 무슨 상관이랴. 조주 스님 답에 담긴 본래 뜻이 무엇인지 천착穿鑿하는 것이 중요하다. 달마대사가 서쪽에서 온 뜻을 참구할 때, 분별심을 버리고 있는 그대로 보라는 가르침이다.

『무문관』 44칙은 파초주장芭蕉拄杖이다. 파초혜청芭蕉慧淸 스님이 대중들에게 전한 주장자 화두이다. 파초스님이 말했다. "그대들에게 주장자가 있으면, 내가 주장자를 줄 것이요. 그대들에게 주장자가 없으면 주장자를 뺏을 것이오."

『무문관』에서 무문 스님은 "주장자에 의지해 다리가 끊어진 물을 건너고, 주장자를 벗 삼아 달빛 없는 마을로 돌아간다"면서 "그런데 이것을 주장자라고 한다면 화살같이 지옥에 떨어질 것이다"라고 평창評唱을 했다. 평창은 선종禪宗에서 선승禪僧의 가르침을 품평品評하는 것이다. 즉 자신의 견해를 덧붙이는 것이다.

참선 수행을 통해 삼매三昧에 들면 있고 없음에 끄달리지 않는다. 있는 것도 아니고 없는 것도 아닌 것이다. 존재론에서나 가능한 분별分別에 떨어지지 않음을 파초 스님은 전하고 있다. 분별의 경계에 떨어지지 말 것을 당부했다. 주장자는 단순히 법체法體를 보조하는 단순한 지팡이가 아니다. 부처님 가르침을 상징적으로 담은 '법法의 도구'이다.

"그대들에게 주장자가 있으면, 내가 주장자를 줄 것이다"라는 말씀은 '있다(有)'고 하는 수행자들에게 주는 화두이다. 그리고 "그대들에게 주장자가 없으면 주장자를 뺏을 것이오" 라는 말씀은 '없다(無)'고 여기는 납자들에게 주는 공안이다.

본래 면목은 있다 없다를 떠났다. 차별差別과 분별分別이라는 상대적 경계에 머물지 않아야 진리에 도달할 수 있는 것이다.

『벽암록』에는 『무문관』보다 많은 100칙의 화두가 수록돼 있다. 그 가운데 12칙은 '동산마삼근洞山麻三近'이다. "무엇이 부처님입니까"라는 질문에 동산수초(洞山守初, 910~990) 스님은 "마 삼근입니다"라고 답했다. 부처님을 무게로 표현하고, 더구나 마 삼근이면 겨우 옷 한 벌 분량에 지나지 않는다. 동산 스님이 이렇게 답한 뜻이 무엇일까. 깊이 참구해 볼 일이다.

설봉시심마雪峰是甚麽. 『벽암록』 51칙이다. 동산 스님의 마삼근麻三斤과 더불어 스님과 불자들이 가장 잘 알고 있는 화두이다. 어느 날 한 납자衲子가 설봉의존雪峰義存 스님을 찾아왔다. 설봉 스님은 앞으로 몸을 내밀며 "시심마是甚麽"라고 말했다. "이것이 무엇인가?" "무엇이 부처인가?" "그대의 본래면목은 무엇인가"를 묻는 질문이다. '시심마'는 우리말로 옮기면 '이뭣꼬'이다. 표준어는 아니고 경상도 사투리다. 식견識見에 도달했다고 자부하며 망상에

지일스님 _ 벽안 스님을 은사로 득도해 통도사 강원을 졸업하고 중앙종회의원과 천성산 미타암 주지를 역임한 지일 스님. 벽안문도회 문장과 부산 원광사 주지를 지내며 불법 홍포에 매진했다.

사로잡힌 수행자에게 던진 스님의 경책이다. 설봉 스님은 납자에게 "수행하고 있는 그대는 누구인가. 본래면목本來面目을 알고 있는가"를 묻고 있는 것이다. '시십(심)마是什麼'라고도 쓰는데 소리나 뜻이 같다. 본래 '심甚'이었지만 단순한 '십什'자를 쓰고 심이라 읽는다. 이 화두는 본래 지니고 있는 불성佛性을 안에서 찾지 않고 밖에서 찾아 헤매는 모든 존재에게 던지는 질문이다. 즉 "너는 누구인가"라는 설봉 스님의 질문은 "나는 누구인가?"와 다르지 않다. 이 공안을 타파하는 일, 그것도 결국은 '나의 일'이다.

『벽암록』 67칙은 '부대사강경傅大士講經'이다. 부대사가 양나라 무제武帝에게 『금강경金剛經』을 강의할 때 경상經床을 손으로 내려 친 후 법상法床에서 내려온 일화이다. 부대사의 뜻을 아느냐고 묻는 지공 화상의 질문에 무제는 "잘 모르겠습니다"라고 답했다. 그러자 지공 화상은 "부대사의 강의는 끝났습니다"라고 했다.

화두를 참구하여 깨달음을 얻는 길은 정답正答이 없다. 깊이 천착穿鑿하여 의심을 깨트리는 것 만이 정도正道이다. 가장 중요한 것은 얼마나 간절하고 절박한 심정으로 진일보進一步하느냐에 달려 있다. 부처님이 설하신 '자기 스스로를 등불로 삼으라'는 자등명自燈明을 잊어선 안된다. 이와함께 길을 걸어가는데 불법佛法에 의지하는 법등명法燈明도 명심해야 한다. 더불어 자칫 아만我慢에 빠지는 것을 경계하고, 눈 밝은 스승의 인도引導를 받아야 올바르게 화두를 타파打破할 수 있음을 알아야 한다.

수좌들은 물론 재가불자들도 참선 수행에 도움이 되는 『무문관』과 『벽암록』의 공안은 다음과 같다.

5-1) 『무문관』 48칙

1칙 조주구자趙州狗子　2칙 백장야호百丈野狐　3칙 구지수지俱胝竪指
4칙 호자무수胡子無鬚　5칙 향엄상수香嚴上樹　6칙 세존염화世尊拈花
7칙 조주세발趙州洗鉢　8칙 해중조차奚仲造車　9칙 대통지승大通智勝
10칙 청세고빈淸稅孤貧

11칙 주감암주州勘庵主　12칙 암환주인巖喚主人　13칙 덕산탁발德山托鉢
14칙 남전참묘南泉斬猫　15칙 동산삼돈洞山三頓　16칙 종성칠조鐘聲七條
17칙 국사삼환國師三喚　18칙 동산삼근洞山三斤　19칙 평삼시도平常是道
20칙 대역량인大力量人

21칙 운문시궐雲門屎橛　22칙 가섭찰간迦葉刹竿　23칙 불사선악不思善惡
24칙 이각어언離脚語言　25칙 삼좌설법三座說法　26칙 이승권렴二僧卷簾
27칙 불시심불不是心佛　28칙 구향용담久響龍潭　29칙 비풍비번非風非幡
30칙 즉심즉불卽心卽佛

31칙 조주감파趙州勘婆　32칙 외도문불外道問佛　33칙 비심비불非心非佛
34칙 지불시도智不是道　35칙 천녀이혼倩女離魂　36칙 노봉달도路逢達道
37칙 정전백수庭前柏樹　38칙 우과창령牛過窓櫺　39칙 운문화타雲門話墮
40칙 약도정병躍倒淨甁

41칙 달마안심達磨安心 42칙 여자출정女子出定 43칙 수산죽비首山竹篦
44칙 파초주장芭蕉柱杖 45칙 타시옥수他是何誰 46칙 간두진보竿頭進步
47칙 도솔삼관兜率三關 48칙 건봉일로乾峯一路

5-2) 『벽암록』 100칙

1칙 달마확연무성達磨廓然無聖 2칙 조주지도무난趙州至道無難
3칙 마대사불안馬大師不安 4칙 덕산도위산德山到潙山
5칙 설봉진대지雪峰盡大地 6칙 운문일일호일雲門日日好日
7칙 법안혜초문불法眼慧超問佛 8칙 취암하말시중翠巖夏末示衆
9칙 조주사문趙州四門 10칙 목주약허두한睦州掠虛頭漢

11칙 황벽당주조한黃檗噇酒糟漢 12칙 동산마삼근洞山麻三斤
13칙 파릉은완성설巴陵銀椀盛雪 14칙 운문대일설雲門對一說
15칙 운문도일설雲門倒一說 16칙 경청줄탁기鏡清啐啄機
17칙 향림좌구성로香林坐久成勞 18칙 충국사무봉탑忠國師無縫塔
19칙 구지지견일지俱胝只竪一指 20칙 용아서래무의龍牙西來無意

21칙 지문연화하엽智門蓮花荷葉 22칙 설봉별비사雪峰鼈鼻蛇
23칙 보복장경유산保福長慶遊山 24칙 철마도위산鐵磨到潙山
25칙 연화봉념주장蓮花峰拈拄杖 26칙 백장대웅봉百丈大雄峰
27칙 운문체로금풍雲門體露金風 28칙 남전불설저법南泉不說底法
29칙 대수겁화통연大隋劫火洞然 30칙 조주대나복두趙州大蘿蔔頭

31칙 마곡양처진석麻谷兩處振錫

32칙 정상좌문임제定上座問臨濟

33칙 진조간자복陳操看資福

34칙 앙산부증유산仰山不曾遊山

35칙 문수전삼삼文殊前三三

36칙 장사수락화회長沙遂落花回

37칙 반산삼계무법盤山三界無法

38칙 풍혈조사심인風穴祖師心印

39칙 운문화약란雲門花藥欄

40칙 남전일주화南泉一株花

41칙 조주대사저인趙州大死底人

42칙 방거사호설편편龐居士好雪片片

43칙 동산무한서洞山無寒暑

44칙 화산해타고禾山解打鼓

45칙 조주만법귀일趙州萬法歸一

46칙 경청우적성鏡淸雨滴聲

47칙 운문육불수雲門六不收

48칙 왕태부전다王太傅煎茶

49칙 삼성투망금린三聖透網金鱗

50칙 운문진진삼매雲門塵塵三昧

51칙 설봉시심마雪峰是什麽

52칙 조주도려도마趙州渡驢渡馬

53칙 백장야압자白丈野鴨子

54칙 운문각전양수雲門卻展兩手

55칙 도오점원조위道吾漸源弔慰

56칙 흠산일족파삼관欽山一鏃破三關

57칙 조주전고노趙州田庫奴

58칙 조주분소불하趙州分疎不下

59칙 조주지저지도趙州只這至道

60칙 운문주장화위룡雲門拄杖化爲龍

61칙 풍혈약립일진風穴若立一塵

62칙 운문비재형산雲門秘在形山

63칙 남전참묘아南泉斬猫兒

64칙 조주두대초혜趙州頭戴草鞋

65칙 외도문불外道問佛

66칙 암두황소과후巖頭黃巢過後

67칙 부대사강경傅大士講經

68칙 앙산문삼성仰山問三聖

69칙 남전일원상南泉一圓相

70칙 백장병각인후白丈倂卻咽喉

71칙 백장문오봉白丈問五峰

72칙 백장문운암白丈問雲巖

73칙 마조사구백비馬祖四句百非

74칙 금우반통金牛飯桶

75칙 오구굴봉烏臼屈棒

76칙 단하끽반야미丹霞喫飯也未

77칙 운문호병雲門餬餅

78칙 개사오수인開士悟水因

79칙 투자일체불성投子一切佛聲

80칙 조주초생해자趙州初生孩子

81칙 약산주중주藥山麈中麈

82칙 대룡견고법신大龍堅固法身

83칙 운문고불로주雲門古佛露柱

84칙 유마불이법문維摩不二法門

85칙 동봉암주작호성桐峰庵主作虎聲

86칙 운문주고삼문雲門廚庫三門

87칙 운문약병상치雲門藥病相治

88칙 현사삼종병玄沙三種病

89칙 운암대비천안運巖大悲千眼

90칙 지문반야체智門般若體

91칙 염관서우선자鹽官犀牛扇子

92칙 세존승좌世尊陞座

93칙 대광작무大光作舞

94칙 능엄부견시楞嚴不見時

95칙 장경이종어長慶二種語

96칙 조주삼전어趙州三轉語

97칙 금강경죄업소멸金剛經罪業消滅

98칙 천평양착天平兩錯

99칙 숙종십신조어肅宗十身調御

100칙 파릉취모검巴陵吹毛劍

지일스님 _ 수행하는 도중 틈을 내어 산행에 나선 지일 스님이 바위 위에서 주장자를 곁에 놓고 쉬고 있다.

5. 주장자 들고 있는 오백나한

아라한阿羅漢. 산스크리트어 아르한arhan의 음역이다. 아라가阿羅呵, 아라하阿羅呵라고 음역하기도 한다. 줄여 나한羅漢이라고 한다.

부처님 제자 가운데 번뇌와 윤회에서 벗어나 아라한과阿羅漢果를 증득해 더 이상 닦을 것이 없는 수행자다. 마땅히 공양을 받을 만을 자격을 갖추어 응공應供 또는 응수공양應受供養, 응진應眞이라 한다. 더 배울 것이 없어 무학無學, 윤회에서 벗어나 불생不生, 복을 심는 밭이기에 복전福田이라고도 한다. 마땅히 존경받을 자격이 있어 명호 뒤에 존자尊者를 붙인다. 부처님 십대 명호名號 가운데 하나가 응공이라는 사실에서, 아라한의 수행 경지를 짐작할 수 있다.

초기불교에서 성인聖人을 수다원(예류預流), 사다함(일래一來), 아나함(불환不還), 아라한阿羅漢으로 나누는데, 아라한이 최고의 자리에 있다. 대승불교大乘佛敎의 보살菩薩과 비슷한 지위라고 볼 수 있다.

오백나한五百羅漢. 아라한과果를 증득한 500명의 나한 존자를 통칭한다. 여러 설이 있지만 부처님 열반 후 1차 결집에 모인 가섭존자 등 500명의 성중聖衆이라 한다.

아라한은 중국에 불교가 들어오면서 신앙의 대상이 되었다. 16나한, 500나한, 1200나한이 있다. 부처님이 인도 코살라국Kosala國 사위성舍衛城에서 500명의 나한에게 설법했다고 한다. 500나한은 각기 다른 모습을 하고 있다.

쥐고 있는 장엄물도 각기 다르다.

500나한 가운데 주장자나 석장을 들고 있는 나한의 명호는 다음과 같다. 번호는

가나행나 존자迦那行那尊者, 가야천안 존자伽耶天眼尊者, 무작혜선 존자無作慧善尊者, 관신무상 존자觀身無常尊者, 겁비전 존자千劫悲願尊者, 성취인연 존자成就因緣尊者, 벽지전지 존자僻支轉智尊者, 신통억구 존자神通億具尊者, 자정 존자自淨尊者, 덕정 존자德頂尊者, 보장 존자寶仗尊者, 보살성 존자菩薩聲尊者, 금강매 존자金剛昧尊者, 지혜등 존자智慧燈尊者, 수미망 존자須彌望尊者, 중구덕 존자衆具德尊者, 법륜산 존자法輪山尊者, 이파다 존자離婆多尊者, 마나라 존자摩拏羅尊者, 진마리 존자秦摩利尊者, 아시다 존자阿時多尊者, 阿氏多尊者, 중덕수 존자衆德首尊者, 제중우 존자除衆憂尊者, 선수행 존자善脩行尊者, 금강존 존자金剛尊尊者, 지세계 존자持世界尊者, 주운우 존자澍雲雨尊者, 심관정 존자心觀淨尊者, 사자존 존자師子尊尊者, 행인자 존자行忍慈尊者, 파원적 존자破寃賊尊者, 육근진 존자六根盡尊者.

한편 원광사 삼성각에는 나반존자那般尊者가 모셔져 있다. 근암지일 스님이 나무로 조성한 나반존자를 모셨으며 원만한 상호에 주장자를 들고 있다.

나반존자는 한국불교에서만 신앙의 대상으로 모신다. 중국불교나 일본불교에서도 보이지 않는다. 나반존자 명호는 부처님 10대 제자나 500나한에서도 찾을 수 없다. 주로 초기불교 수행자를 지칭하는 것으로 알려져

부산 원광사 삼성각에 모셔져 있는 신통함과 기도 영험의 가피가 있는 나반존자.
중생이 서원을 성취하여 복전을 일구게 한다.

있다.

나반존자는 대부분 하얀 머리카락에 긴 눈썹을 하고 얼굴에는 미소가 묻어 있다. 그래서 더욱 친근하게 느껴진다. 나반존자는 중생이 서원誓願을 성취하여 복전福田을 일구게 한다고 여긴다. 중생에게 복을 주는 아라한으로 보는 것이다. 그래서 아라한인 빈두로존자賓頭盧尊者라는 지적도 있다.

원광사 나반존자는 흰 눈썹이 길게 얼굴을 흘러 내리고 있다. 콧수염도 흰색이다. 오른손에는 주장자를 왼손에는 염주를 들고 있다. 옅은 미소를 지으며 삼성각 밖을 바라보는 모습에서 사바세계 중생을 구제하겠다는 원력이 엿보인다.

나반존자는 독성수獨聖修, 독성존자獨聖尊者라고도 한다. 독성은 스스로 깨달음을 성취한 성인이란 의미를 갖고 있다. 그래서 나반존자를 모신 전각을 삼성각 또는 독성각獨聖閣이라고 한다.

근대 3대 천재로 손꼽히는 최남선(崔南善, 1890~1957)은 나반존자가 단군檀君이라는 해석을 내 놓았다. 그는 "나반존자는 민족 고유의 신앙"이라면서 "국조國祖로 모신 단군이 훗날 산에 들어가 산신山神, 신선神仙이 되었다"고 전했다. 이어 "그 뒤에 불교가 한반도에 들어오면서 법당 뒤 조용한 곳에 전각을 세우고 산신, 중국에서 들어온 칠성七星을 같이 모셨다"며 "나반존자상이 단군 상"이라는 시각을 나타냈다.

6. 주장자 만드는 법

주장자는 주로 햇빛이 잘 드는 산지 경사면에서 자라는 감태나무로 만든다. 재질이 단단하기 때문에 오랜 기간 사용하기에 적합하다.

백동백나무 또는 간자목이라는 별칭도 갖고 있으며 녹나무과 생강나무속에 속하는 낙엽 활엽 관목이다. 영문은 Greyblue Spicebush이다. 줄기에 검은 띠가 있어 감태나무란 이름이 붙었다. 경상도지역에서는 '도리깨열나무'라 불린다. 주로 중부이남 지역에서 자라며 봄에 노란색 꽃이 핀다. 열매는 검다. 잎. 뿌리, 열매, 줄기를 약이나 식용으로 사용 가능해 하나도 버릴 것이 없다.

은사 스님이 주장자 만드는 것을 보고 배운 인연으로 옛 스님들이 만드는 방식을 자연스럽게 익혔다. 우선 가을이나 겨울에 감태나무를 찾는 데서 주장자 만드는 일을 시작한다. 봄이나 여름에는 풀이 무성하여 감태나무를 찾기가 쉽지 않다. 또한 환경 보호 차원에서 작은 감태나무는 사용하지 않는다.

감태나무 가운데 가장 귀한 것은 벼락 맞은 부분이 검게 타서 마치 용龍의 눈 같은 부분이 생긴 용안목龍眼木이다. 용안목의 또 다른 이름은 갑자목甲子木, 천둥목, 연수목延壽木, 벽뢰목霹雷木이다.

산에서 구한 감태나무는 1차적으로 불에 그슬려 껍질 등 불필요한 부분을 제거한다. 그렇게 다듬은 후 응달에서 잘 건조해야 한다. 세밀하게 다듬지 않고 필요하지 않은 부분만 간단하게 정리한다. 그 후에 말리는 작업에 들어간다. 자칫 수분이 남아 있는 상태에서 주장자를 만들면 나무가 비틀어지거나 쉽게 손상되기 때문이다. 햇볕이 들지 않는 응달에서 충분히 말려줘야 한다. 어떻게 건조하느냐가 이후 주장자를 만드는 중요한 기초가 된다. 나무 상태에 따라 말리는 기간은 서로 다르다. 장인匠人마다 각각의 방법方法이 있다고 해도 지나친 말이 아니다. 이 과정을 잘 거쳐야 한다.

1차 작업 과정을 거쳐 충분히 건조한 감태나무는 적당한 크기로 자른다. 주장자를 사용하는 스님마다 키가 다르기 때문에 그에 걸맞은 크기로 절단한다. 또한 포행이나 출타시 사용하는지, 아니면 법상法床에서 법문할 때 사용할 것인지에 따라 크기를 다르게 한다. 사환장四環丈, 육환장六環丈, 팔환장八環丈, 십이환장十二環丈은 주로 포행이나 출타 시에, 주장자는 법문이나 납자들을 지도할 때 사용한다. 따라서 주장자는 그리 크지 않다. 앉아서 법문할 때 한 손으로 쥐기에 편할 정도면 무난하다.

나무를 자른 뒤에는 2차 다듬기 작업에 들어간다. 나무의 본래 모습을 크게 훼손하지 않는 범위에서 자연스러운 분위기가 나도록 다듬는 것이 좋다. 이어 용안龍眼이 상하지 않도록 전체적으로 사포砂布로 문질러 준다. 두 차례에 걸쳐 다듬었지만 미처 손이 닿지 않은 곳까지 사포를 사용해 빈틈없이 손질한다. 용안 부분은 특히 세심하게 사포로 문질러야 한다. 이러한 과정이 원만하게 이뤄져야 이어질 옻칠 작업이 순조롭다.

사포질을 끝 낸 감태나무는 옻칠을 입히는 작업에 들어간다. 옻나무 껍질에서 흘러내린 액체를 나무에 고르게 발라준다. 골고루 칠하지 않으면 얼룩이 생겨 보기 사나운 것은 물론 주장자의 가치를 떨어트린다. 이때 '혼합유기용제' 적당량을 옻에 섞는다. 적게 들어가면 옻칠이 진해지고, 너무 많이 들어가면 흐려진다. 옻칠은 단 한번만 하거나 약간 마른 다음에 그 위에 다시 덧칠할 수 있다. 이러한 과정으로 수차례 거쳐야 옻칠 작업이 마무리된다.

옻칠이 끝난 나무는 먼지바람이 날리지 않고 햇빛 바람이 적당히 드는 곳에서 말린다.

이러한 모든 과정을 원만하게 거쳐야 한 자루의 주장자가 탄생하는 것이다. 경우에 따라 주장자 윗부분과 아랫부분에 철갑鐵甲을 두루는데, 이것은 보다 오래 사용하기 위한 방편이다.

주장자는 사람마다 제작 만드는 방법이 다를 수 있다. 지금 설명한 내용을 기본으로 하여 장인마다 각자의 기법을 갖고 있기 때문이다. 주장자를 만드는 과정에서 나무의 재질, 건조 방법, 옻칠 기법 등 기본을 지키며 나름대로 특화된 방법을 채택해야 한다. 이와 더불어 최고의 주장자를 제작하고 말겠다는 원력과 정신이 있어야 한다. 또한 주장자가 단순한 지팡이로서의 기능만 수행하는 것이 아니라 수행자와 재가불자에게 부처님 가르침을 전하는 여법한 법法의 도구를 만든다는 신심信心과 원력願力이 있어야 한다.

『제보살구불본업경諸菩薩求佛本業經』에는 석장을 지닌 이를 본 보살이 마음으로 생각하는 바를 밝히고 있다. 선지식善知識의 도반이면서 수행자의 지남指南이며, 재가자와 세인들의 등불인 주장자 만드는 일의 지중至重함을 보여주기에 충분하다. "천하의 모든 사람이 언제나 선업善業을 지어, 타인의 존경을 받고, 남에게 주고자 하며, 남에게 선법善法을 실천하게 하리라."

주장자拄杖子

초판 1쇄 인쇄 2018년 10월 30일
초판 1쇄 발행 2018년 11월 7일

지은이 인오

펴낸이 김윤희
펴낸곳 맑은소리맑은나라
자료정리 이성수
디자인 방혜영

출판등록 2000년 7월 10일 제 02-01-295 호
주소 부산광역시 중구 중앙대로 22 동방빌딩 301호
전화 051-255-0263 팩스 051-255-0953
이메일 puremind-ms@hanmail.net

ISBN 978-89-94782-65-2 03220
값 15,000원